# बिना मुँडेर की छत

[कविता-संग्रह]

# बिना मुँडेर की छत

प्रेम रंजन अनिमेष

राजकमल प्रकाशन

ISBN : 978-81-267-2973-9

**मूल्य :** ₹ 350



**पहला संस्करण :** 2017

**प्रकाशक :** राजकमल प्रकाशन प्रा. लि.
1-बी, नेताजी सुभाष मार्ग, दरियागंज
नई दिल्ली-110 002

**शाखाएँ :** अशोक राजपथ, साइंस कॉलेज के सामने, पटना-800 006
पहली मंजिल, दरबारी बिल्डिंग, महात्मा गांधी मार्ग, इलाहाबाद-211 001
36 ए, शेक्सपियर सरणी, कोलकाता-700 017

वेबसाइट : www.rajkamalprakashan.com
ई-मेल : info@rajkamalprakashan.com

**मुद्रक :** बी.के. ऑफसेट
नवीन शाहदरा, दिल्ली-110 032

BINA MUNDER KI CHHAT
*Poems by* Prem Ranjan Animesh

वह दिसम्बर 2008 की शाम। पांडुलिपि को तैयार कर सोए हुए पिताजी के पैरों से छुलाया। उसी रात—उसे अगली सुबह की ओर करते—वे चले गए...जैसे इस कविता संग्रह के पूरे होने की ही उन्हें प्रतीक्षा थी। यह प्रकाशित पुस्तक भी उन्हीं को समर्पित...और माँ को जो सदा उनकी जीवनी रहीं। तब भी...और अब भी...!

# अनुक्रम

## नवान्न

नए कवि तुम्हारे पास नया क्या है?

नई है मेरी कलम
इसकी रोशनाई
नया यह कोरा पन्ना

नया है नई आँखों के नए पानी में तिरता सपना
नए पंखों में भरी नई हवा
नए तिनके सजावट इनकी नई

नई मिट्टी के नए गन्ने का नया रस
पाग जो बन रहा कब से अभी अभी पका है
अभी अभी मैंने इसे चखा है

नई है मेरी बेचैनी मेरी छटपटाहट
मेरी हूक मेरी कूक मेरी चहक नई

नया है मेरा अदेखा मेरा अजाना मेरा अनकहा

दुख तो वही बरसों बरस पुराना हजार बाँहों वाला
पर अभी अभी जनमा है मेरे यहाँ
उसकी धमक नई है
उसकी किलक नई...

## निब

न रोशनाई का रंग मुझमें
न पन्ने की सादगी
न ही सधी उँगलियों की सिद्धि

मैं बस नोक भर
जिससे उभरते अक्षर

शिराओं में जब तक रक्त आँखों में नमी
रोशनाई सूखेगी नहीं
कागज कभी खत्म नहीं होगा
जब तक पेड़ हैं धरती पर और उनमें पत्ते

चलते-चलते टूट जाने पर
मेरी जगह लग जाएगा कोई नया...

## पहली गली

पहली गली में जाना होता है

कुछ चिट्ठियाँ अब भी आती हैं उसी पते से
इधर की आढ़त पर अब तक भरोसा नहीं
कोई त्योहार मनता है उसी इलाके में

पहली गली खींचती है

किसी बच्चे के कुछ सवाल लिये चला आया हूँ
एक सहपाठी के इम्तिहान कैसे गए जानना चाहता हूँ
मुझे गुमान है उस छत और बूढ़े पेड़ के बीच से
जैसा दिखता चाँद कहीं और से नहीं

पहली गली में झाँकता हूँ

यह देखने अब वहाँ के
कंकड़ कौन चुनता है
उस घर में आने को है बरात
जहाँ से किसी ने भेजा था पहला बुलावा
वही एक घाट
जो बारिश के बाद नहीं डूबता

भगदड़ में सहमा इधर-उधर देखता
कि पुकार लेती वह

पहली गली से गुजरता घेर लेते जब अँधेरे
वहाँ का ऊँच-नीच जानते हैं पाँव
वहाँ के कुत्ते पहचानते हैं मुझे

चलते-चलते खो जाता जब
पाँव मुड़ जाते उधर आप से आप

छूटती नहीं
पहली गली

जीवन के मोड़ों पर
बार-बार
करते उसे पार...

## पहली कक्षा का पहला पाठ

कलम यह गह
सह मत कह

समय चपल
रच हर पल
सहज सरल
सपन सजल

सच सत रख
सब अब लख
मगर न रट
समझ सबक

कम कम खरच

डगर पकड़
सरपट बढ़
उलट पलट कर पढ़

ठहर ठहर
लहर लहर
सफर सफर
नजर नजर

ललक ललक
भर मन भर

इधर-उधर
अगर मगर
नकल न कर
असल परख
दहक गमक
तट मत तक

मन कर तरल
बन कर सबल
जग यह बदल...

## सुबह होने को है

घंटियाँ बज रहीं बैलों के गले की
हाँ ना या बस उबासी में सिर हिलाते
चूड़ियाँ खनक रहीं खिड़कियाँ खोलते हाथों की

गूँज रहा कुएँ में डोल का उतरना
चिड़ियों की चहचह कूज रही आकाश के ओर मिलाती
किलक रही अन्तरतल पर पड़ती दूध की धार सीधी

उठती कोई हाँक
छँटते कुहरे के पार
उजागर करती आर

सुबह होने को है
और पहली रोशनी में
आकार ले रहीं
आहटें उसकी...

## मनुष्यता

भरी हुई गाड़ी में
कैसे कहाँ रखूँ
टपटप चूता अपना छाता
जो बचाकर यहाँ तक लाया ?

ओस पर चलकर
तलवों में लग गया है
एक और तलवा
घास और मिट्टी का
किस ड्योढ़ी पर
दूँ रगड़ ?

भोर गरम कपड़ों की तरह
निकला था पहनकर जो विचार
अब दोपहर की धूप में
वही हो गया है भार

सारी सफाई सजावट के बाद
कहाँ रहे वह पोंछना
जिसने पूरे घर को पोंछा

कोई हड़काए
यह बिसुकी गाय
छाँह पानी के लिए जो
दरवाजे दरवाजे जाय...

## अँगूठा

जरा सा है
पर समा सकता है उसमें समुद्र
शायद इसीलिए
माँ की छाती के बाद
बचपन के होंठों के
सबसे वही करीब

अँगूठा है वह
इसलिए नहीं उसकी
कोई अँगूठी

मिलकर पूरा करता
सब उँगलियों के काम
फिर हो रहता एक ओर चुपचाप अकेला
नासमझ सा खड़ा तकता
जब बाकी जुड़कर
बाँध लेतीं मुट्ठी

चुटकी भरती रहतीं सब उससे
लगती उसे ही ठेस
सबसे अधिक उखड़ते उसी के नाखून

कोई साथ देता
तो बनती उससे लिखावट
बनते सुन्दर हस्ताक्षर

नहीं तो भाग्य कोसता
सियाही में सिसकता

भोले बावले जो
सौंप दिया उन्होंने दूसरों को
या जीवन के कोरे पन्नों पर
उसे लगाया

दुनिया में आगे बढ़े वे
जिन्होंने औरों को अँगूठा दिखाया...

## नारियल

देख परखकर
बजाकर भली तरह
लाए उसे घर

उसके छिलके काम आए माँजने के

पानी उसका पिया लड़कों ने छककर

फल तो फल था
सबने बाँट लिया हिल मिल

दो आँखों एक मुँह वाले
उसके खोल का भी बना नपना
चटनी रखने की ढँकनी

कुछ भी जाया नहीं हुआ
सब काम आया चाम से अस्थियों तक

इससे अधिक क्या होगा किसी का
जीना भला सार्थक!

## मिट्टी

धीरे धीरे
छूट रही है मिट्टी

मिट्टी की हाँड़ी छूटी
मिट्टी का चूल्हा
मिट्टी का दिया टूटा
मिट्टी का घड़ा
फूटे मिट्टी के प्याले
मिट्टी के गुल्लक
मिट्टी के देव

वह नहीं किसी की गाँठ में
और जड़ों में बहुत कम
मिट्टी नहीं माँजती हमें अब
और हम नहीं गढ़ते उसे

पहली बूँदों के पड़ते
घर से उठती नहीं वह सोंधी गन्ध
और काँच के ये बच्चे
नहीं जानते उसका स्वाद

मिट्टी के बने सब
सुनते आए शुरू से

उठते लोग पुराने
झरती झरझर मिट्टी

अभी कल आँच में लगी यह उँगली
तो बू आई रबर बरकने की सी...

## ताने

ऐसा हुआ करता होगा मायके में तुम्हारे
सास उकटती बहू को
और होते बने तो क्या क्या करते जाने
स्त्री सुनाती पुरुष को
इतनी देर में तो तैयार हो जाता ताजमहल
मालिक कसता कमान कारीगर पर

सबसे पुराने औजारों में से हैं ताने पर सबसे तेज
जुबान का फन
और कमाल यह कि जो जितना छोटा
उतना ही धारदार

कोई घर जिसमें बसते बस वही दो
एक बूढ़ी देह कसती तंज
और छलनी आत्मा झेलती चुपचाप
बिंधी पड़ी शरशय्या पर

ताने सुनते
सोए रहते कुछ लम्बी ताने
जैसे ताना नहीं
कोई तान हो मीठी

और कोई इस तीक्ष्ण बाण से तड़फड़ाता
उसी वेग से आगे बढ़ता चला जाता

गिर पड़ा टूट गया डूब गया कुछ दूर जाकर तो बात और
नहीं तो फिर अगले रोज
निकलता नील फलक से कलेजा फाड़े लाल
दुनिया करता अँजोर

जो किंवदन्तियाँ उनके मुताबिक
पहला ताना दिया था हव्वा ने आदम को
और इस तरह बनी बसी दुनिया नई

ऐसे कई लोगों को जानता हूँ
एक ताने ने दी जिन्हें जिन्दगी
या बदल डाली सिरे से

देखो तो
जीवन भी है किसी ताने सा
सोचो तो
तानों में भी है जीवन

बस मर्म उनका कोई जाने
और जोड़ सके बाने

हमारी भाषा की ही नहीं
हमारे समाज की भी खूबी
कि हर ताना अगर उलट दें
तो एक नाता
और कोई नाता तनिक घुमा दिया जाए
तो बन जाता ताना...

# एक पाँव का जूता

रास्ते पर पड़ा है
एक पाँव का जूता

क्या दूसरे पाँव का
सकुशल है सही सलामत
घर पहुँच गया है
या वह भी इसी तरह है किसी रास्ते पर ?

कहीं हो
होगा उतना ही अकेला अधूरा
भरी दुनिया में
बढ़कर कोई नहीं उठाएगा
एक पाँव का जूता नहीं किसी काम का

उसमें होगी
किसी तलवे की महक
पसीने की नमी
पर यह पहचान
ले नहीं जाती
इस दौर में कहीं

हवा सरकाएगी थोड़ी दूर
बारिश बहाएगी
उसे ठोकरें लगेंगी दूसरे पैरों की
सम्भव है
भीड़ और भगदड़ भरे रास्ते पर

तब भी मिल जाए कोई कोना
जहाँ पड़ा रहे वह समय से रगड़ खाता

कितना भी नया हो
अभिशप्त छीजने के लिए यूँ ही
अच्छे संयोग हुए
तो शायद हो सके
थोड़ी देर के लिए
किसी चिड़िया का प्याऊ
किसी मेढकी का घर
किसी गोबरछत्ते का गमला

इस विकसित तंत्र में
है नहीं ऐसा जरिया
जो पहुँचा पाए
रास्ते में पड़े एक पाँव के जूते को
उसके संगी तक

कोई सहेजना शुरू करे
ऐसे ही यहाँ वहाँ पड़े एक पाँव के जूते
तो सम्भव है
मिल जाए कभी कोई जोड़ा

कम नहीं
जीवन में
कर सके अगर इतना

रास्ते पर पड़ा है एक पाँव का जूता
पिछले मेले
पिछली रैली
पिछले फसाद से

इसका जोड़ा इस समय
पृथ्वी के दूसरे छोर पर हो शायद

या रह गया हो
रचयिता के ही पास

मैं ईश्वर को देखना चाहता हूँ इस दुनिया में
अपने बड़े पाँव में एक नन्हा जूता पहने
दूसरे की तलाश में...

## नन्हों से नन्ही सी शिकायत

लौटा हूँ तो देखता हूँ

कलम खुली पड़ी है बिना ढक्कन
तारीखें नहीं तिथिदर्शक की
दाढ़ी बनाने के सामान जैसे तैसे
गायब है मूँछें कतरनेवाली छोटी कैंची
और झाड़नेवाली कंघी जरा सी
कलाई घड़ी का फीता नहीं
फर्श पर पड़ी हैं कलाकृतियाँ दीवार की

जैसे उजड़ी बिखरी टूटी फैली खोई अधूरी
चीजें सारी

जिल्दें चली गई हैं किताबों की
पन्ने फड़फड़ाते उड़ने मुक्त होने को
जिस नई डायरी पर कुछ लिखने का
साहस नहीं जुटा पाया था
दर्ज हैं उसमें जहाँ तहाँ अभ्युक्तियाँ और दस्तखत
मेज पर खुली है दवात

सब कुछ जैसे एक तूफान से गुजरा
किसी बवंडर के बाद बचा

जान जाता हूँ
बच्चे आए थे यहाँ मेरे बाद

गरजता बरसता
पूरे घर में चक्कर काटता
कुछ देर भी सँभल नहीं सकता
यह घर मेरे पीछे
सँभल नहीं सकते बच्चे
इसी तरह तहस नहस हो जाएगा सब कुछ

क्या क्या गया क्या रहा
ढूँढ़ता निकालता उलटता पुलटता
मैं भी कम नहीं किसी बच्चे से

—ऐसे तो ये छूते नहीं चीज कोई
आज सब बच्चे मिल गए साथ
बह गए रौ में इसलिए...
धीरे से बचाव करती स्त्री

सहसा पिघल जाता
बच्चे और न छुएँ कोई चीज
प्रलय है यह तो
वे तो सबसे पहले जानते छूना
छूकर ही देखना छूकर पहचानना

बच्चो तुम ले गए क्या इस खोजबीन में
मिली चीजें कई
अरसे से भूली हुई
कई चीज़ों को आज लगाया हाथ तुम्हारे कारण
बरसों की धूल हटाकर
ऐसे कभी अहसास नहीं होता शायद
कि जो तुम ले गए दे देना चाहिए था मुझे खुद
वही ले गए
जो मुझसे अधिक होना चाहिए था तुम्हारे पास
और जो टूट गया नहीं अफसोस
वह बनेगा शुरू होगा नए सिरे से

एक ऐसी कलम से जिसकी निब अभी काम आई है
दर्ज करता हूँ मोटे मोटे अक्षरों में
अपनी कृतज्ञता और यह नन्ही शिकायत
खेलना तोड़ना जो करना था
शौक से करते
मेरे होते
मुझे भी लेकर साथ...!

# जुगलबन्दी

एक बूढ़ा आदमी
एक बहुत बूढ़े आदमी की
बना रहा हजामत

बहुत बूढ़ा वह
उठकर कहीं खुद
जा नहीं सकता
और ये जो मुहल्ले के
नए सैलून वाले
उस तक आना
नहीं चाहते

जहाँ तक बूढ़े नाई की बात है
उसका पेड़ जिसके तने में
टाँगता था वह अपना शीशा
कब का ठूँठ हो चुका
उसके फटे छाते के नीचे
टूटे मोढ़े पर बैठने
अब कोई नहीं आता

पतली टहनी जैसे हाथ में
काठ का छोटा बक्सा टाँगे
वह घूमता फिरता दरवाजे दरवाजे
कोई उसी तरह हो बूढ़ा लाचार
तो उस घर बुलाया जाता

इस तरह इलाके के
लगभग सारे बूढ़ों को वह जानता
पर वे सब नहीं उसके ग्राहक
कई तो उम्र चढ़ने पर भी
खुद बनाते हजामत अपनी
और कई उस्तरा
न लगाने देते न लगाते
बस मुदित मन देखते सहलाते
लहराती फहराती अपनी दाढ़ी
जो इस चौथेपन में
ऐसे भी
खूब फबती

न जाने कितने बरस पुराना
बक्सा वह खोलता
पुरानी कैंची पुरानी कंघी
पुराना कपड़ा
मगर हाँ धार नई
आँखों में चमकती

हफ्ते दर हफ्ते यहाँ
बिन बुलाए आप चला आता
कई बार तो सात दिन का भूखा

बनाते हुए
अब उसके
हाथ काँपते
पर भरोसा
इतने बरसों का
तजुर्बा
सब सँभाल लेगा

अनुभव तो बड़ा
उस बहुत बूढ़े का भी

मगर सिर अब थिर नहीं रहता
साथ नहीं देता
कुछ बोल भी नहीं पाता
बूढ़ा नाई ही सारी बात करता
उसकी कैंची उसका उस्तरा

हो गया
अब दोनों उठ रहे
दोनों के सिर
इस तरह हिल रहे
जैसे एक दूसरे को
दे रहे धन्यवाद

इस जीवन को बचाने
इसकी सुन्दरता कुछ और बढ़ाने के लिए...

## पिता चाहते

पिता चाहते तो
किसी तरह कर
उठा लेते एक घर
अगर चाहते यही

कुछ ढंग के हो सकते थे
कपड़े अपने
हम भी जा सकते थे
कायदे के किसी स्कूल

पिता चाहते
तो सूखे निवालों पर हम घर से न निकलते
सख्त राहों पर कोसों नंगे पाँव न चलते
दिए की रोशनी में
अक्षरों के पतंगे न पकड़ते

बहुत कुछ नहीं था
पिता के वश में
यह सयानापन बहुत बचपन में
आ गया था हममें

मगर जो वे चाह लेते
तो शायद आसान कर देते
जीवन के कुछ एक रास्ते
जुटा सकते
दुनिया की दो चार सहूलियतें

लहरों से
हवाओं से
कहकर कम करवा सकते थे
थोड़े थपेड़े

औरों को देखते हम
फिर देखते
अपने पिता को

उनका चमकता चेहरा
उनका उठा माथा

चाहते तो पिता
कहानियों की कुछ परियों को
हमारे सपनों में ला सकते थे
हमारी खातिर
झुक सकते थे
हाथ फैला सकते थे

लेकिन पिता ने
नहीं चाहा कुछ
न अपने लिए
न हमारे लिए

उन्होंने बस हमें
चाहा
और उसी चाहत से
हम बने

हमें इसका अफसोस नहीं है!

## झटास

चारों तरफ से
बन्दोबस्त कर
बैठा हूँ
जैसे घर में
हूँ नहीं

फिर भी हिलते हैं पल्ले

खोलो खोलो...

दस्तक देती
वह साँकल खड़काती
जोर जोर से

फाँफर से
ससर ससर कर
समाती भीतर

खोलो खोलो
दरवाजे पर झूठ टँगा है
अन्दर आने दो
या निकलो बाहर...

उसे लग रही आदमी की बास
उसमें जागी है तुम्हारी प्यास

बारिश को चाहिए आदमी का पास!

## झींसी

झींसी शुरू हुई जिस समय
कपड़े अलगनी से
उतार सकता था छोड़ भी
उठा लूँ सोचा जब तक
भीग गए थे इतने
कि छूकर रहने दिया वहीं पर

झींसी है यह तो
चलती रहेगी

बेफिकर आसमान जमीन बराबर
किसी का क्या जाता
किसी पर क्या पड़ता

देर से धुल रहा
एक धब्बा
बहुत देर से
भीग रहे दो पंख
झींसी करती महीन महीन छेद पलकों में
पड़ रहीं जैसे बारीक सिलाई की सुइयाँ खाल पर
आधे गीले आधे सूखे
रोएँ बकरियों के

मुड़ रहीं लहरा रहीं बूँदें हवा में
जैसे कोई आ नहीं रहा सीधे बात पर

जैसे लौट लौट जा रहा झिझककर
झाँककर

झींसी है
मतलब इतनी जल्दी
खत्म नहीं होगी

कोई बढ़ा रहा हाथ खिड़कियों से
खोल रहा केश
कोई उठाता चेहरा बाहर आ फैलाता बाँह
कोई बेपरवाह

खुले मेरी आँख झींसी में
भीगे मेरी आत्मा झींसी में
पलकें मूँदे मेरी झींसी

मैं छोड़ने आऊँ तुम्हें स्लेट हुई सड़क पर
तुम आओ मेरे घर झींसी लेकर

सिर्फ सरसराहट
साँसों की सरगोशी सी
आँसू का अनगढ़ मोती आँख में

निकली है जीभ बाहर
तेज मिर्च खाकर
भाग रहा मुँह उठाए
करता सी सी...

और कभी इधर कभी जरा उधर
कभी परपराती जीभ पर
पड़ रही
झींसी!

# निनाव

भर गया है मुँह
फर गई है जीभ

तुमने किया है ऐसा
तुम्हारे प्यार
तुम्हारी मधुराई ने
या भीतर का उत्ताप है

मीठे के अलावा
कुछ भी लगते
कितना लगता

केवल जीवन के शहद से भी कहाँ तृप्ति
मधुरता में भी नहीं मुक्ति
हर मिठास में है कुछ तिक्ति

ऐसी बेचैनी
कि मन में आता
हाथ ले यह जीभ
मलूँ किसी मछली की देह में
या माँजूँ सुलगती राख से
पर ऐसा कर नहीं सकता

अब तो यही युक्ति
बकरियों की तरह मुँह भर
चबा लूँ

नीम हर हर
या रगड़ूँ जीभ पर
मिर्च तीखी

लहरते सिहरते पा लूँ
रसना की वह सादगी असाधारण...

## भरा सा पूरा सा

बिना देखे दिखाए ठीक हो जाए
रिश्ता तुम्हारा
बात की बात में पहली ही जगह
जहाँ चले बात

याद रहें गाजे बाजे बत्तियाँ सजावटें
और मिठाइयाँ तुम्हारे लगन की
बड़े दिन तक सभी को

हाथोंहाथ उठानेवाला संगी मिले
भूलभुलैया सा घर
ठिठोलीवाली सहेलियाँ
मीठी चुभनवाले नाते नई छेड़छाड़ के

बचपन के कपड़ों सी
सरकती छोटी होती
रात सपनीली उनींद भरी
और फैला धुला दिन उजास

अन्न मिले धन धान
बूँद लड़ी दूब हरी

और जब आओ यहाँ लौटकर
फिर देखूँ तुम्हें पहली बार

गुलमोहर सा दमकता तुम्हारा माथा
घने केशों से बार बार भरकता महमह जूड़ा

गहराए पर जीवन रँगे होंठ छलकते
काजल के कोटर से नाचती उमगती चमकती आँखें
एक खुली बेबाक हँसी
और हृदय इतना भरा पूरा
कि उसकी दूधिया महक की छाँह
उसकी भावना भर से
आ जाए
शीतल बयार सी
सुखनींद... !

## जेवन

भात उसी की दाल उसी की तरकारी है
खैरू के खाने की कैसी तैयारी है

कहाँ मिली जाने यह खन्दों वाली थाली
है जब तो फिर छोड़े कैसे खाने खाली

सबमें कुछ कुछ रखने की अब लाचारी है
खैरू के इस खाने की तो बलिहारी है!

## राह में बहन घर

मैं तो हुई तबाह तबाह

कुछ भी करने देते हैं कब ये शैतान तीन तीन
फिर भी कैसे कैसे कर यह कुछ मीठा कुछ कुछ नमकीन

देखो बना रखा था आकर तुम पाओगे
देखो लगा किस तरह मुझको तुम आओगे...

लाती बहन थाल में क्या क्या खाता खूब सराह सराह!

## खर्राटे

यह नींद में भी
छीनना है
दूसरों का चैन

पशु पक्षियों को ऐसा करते
किसी ने नहीं सुना
क्या मनुष्य की प्रकृति में कुछ ऐसा
या दोष इस हवा का
जहाँ साँस भी
सहज नहीं

सोओ और सोने दो
जबकि संसद में ध्वनिमत से
पारित हो गया है प्रस्ताव
सुनाई दे रहे खर्राटे हर तरफ

जैसे महसूस नहीं होती
खुद को अपनी बास
सोए हुए को जगाती नहीं
उसकी यह चलती चक्की

एक जंगल में टिक नहीं सकते दो दहाड़नेवाले
पर इस जंगल में
सब सो लेते भाईचारे से

कैसा लगेगा जागने पर
किसी आदमी को अगर
सुनाए जाएँ खर्राटे उसी के?

हो सकता है कुछ न हो
वह लगे उसे वातावरण में बजते
किसी बिगड़े स्वरयंत्र की घरघराहट
और वह चाय सुड़कता पढ़ता रहे अखबार

ऐसी रात
कोई किस तरह काटे
जिसमें सन्नाटे हों गूँजते
या खर्राटे...

## हकलाहट

बोलो
पूरे विश्वास से
क्योंकि आदमी हो तुम
और आदमी है
बोलने से

गुस्से में मत आओ
क्योंकि तुम्हारी उत्तेजना से
सबसे पहले जो सहम जाता
वह शब्द होता तुम्हारा

सुलझाकर कहो
और इस सुलझाने में
अपने दोनों हाथों की उँगलियों की
मदद लो

आँखों में आँखें डाल दो
प्यार से
कहने का काम
आसान हो जाएगा

बहुत विकलता है
बहुत विरूपता हर जगह हर ओर
और शब्द किंचित् अपर्याप्त

सबमें यही हकलाहट

यह और बात
कि बातों में नहीं
कहीं भाव कहीं समझ
किसी के विचार किसी व्यवहार में

कमजोर मत समझो अपने आपको
यह संयोग है
और अच्छा एक तरह से
कि तुम्हारी हकलाहट तुम्हारे उच्चारण भर

किसी को गालियाँ देने के अलावा
सम्भव हैं सारे संवाद तुमसे

रोज कम से कम तीन
नए अजाने लोगों से मिलो बातें करो

और—
और—
और—

कहते कहते कुछ
किसी तरह
न कह पाना

तो उसी बात को कह देना तुम
गाकर गाना...

## अँधेरे में माचिस की तलाश में एक कविता

आँख खुली
तो अँधेरा घुप्प

पर उस समय ही
कुछ करना जरूरी

घर का खाका
जहन में था
उसे थाहता
रसोई तक जा सकता था
जहाँ ताक पर
रखी दियासलाई

सबसे पहले
जिस कमरे में था
उसका दरवाजा था ढूँढ़ना
पर उसकी उम्मीद में
जहाँ रखा हाथ
वहाँ मिली दीवार

शायद नींद में दिशाशून्य
निकल गया था दूसरी ओर

एक बार मिल जाए द्वार
फिर खोजा जा सकता आगे

बिठाई जा सकती तरतीब
उसी हिसाब से

खाट उसका सिरहाना सामने दरवाजा
बाहर आईना उसके बाद
रसोई पानी की बाल्टी
फिर वह तख्त उस पर शीशियाँ
उन्हीं के बीच तीलियों भरी डिबिया

एक मेज से टकराया
उसकी स्मृति
जहन में जहाँ रखी थी
थाह नहीं सका
लेकिन इससे यह हुआ
आगे पानी भरी बाल्टी से लगता
वहाँ सँभल गया

आखिर पहुँचा हाथ
माचिस तक

मगर मुश्किल यह
कि उसमें थी
एक ही तीली

उसे जलाने में
जोखिम था
ऐसा न हो पूरी तीली जल जाए
उँगलियों के जलने तक
मोमबत्ती न मिले

अँधेरे में खुली
अब कुछ देखने लगी थीं आँखें
घर के नक्शे में कहीं
टोह सकता था मोमबत्ती

जो नहीं जली होती
तब भी उजली होती

लम्बी छरहरी काया
ऊपर बाती

पर हाथ रखते छलमलाहट
महसूस होती
किसी प्राण सी
हड़बड़ाहट में मोमबत्ती और दियासलाई
दोनों दूर छिटक जातीं

वे किधर गईं खोईं किस ओर
देखना होगा
छूटी हुई खोई हुई चीजों की स्मृति
अपने जहन में कहाँ

भद्रजनो
इस वृत्तान्त से अगर ऊब रहे हों
आपको कहीं देर हो रही हो
तो इसे यहीं छोड़
जा सकते हैं

मुझे तो शायद सुबह हो जाए
खोजने और जानने में
कितनी आग बची
दियासलाई की आखिरी तीली में
और क्या वह मोमबत्ती ही थी
जो हाथ से लगकर छूटी...

या फिर इस बीच हो ऐसा
कि मेरी सोच की रगड़ से ही
पैदा हो कोई चिनगारी
और इस रात में भर जाए रोशनी!

## एक किसान की शहर में रहनेवाले बेटे के लिए वसीयत

पुआल का बिस्तर
छोड़ रहा हूँ तुम्हारे लिए
देह भर उसकी गरमाहट और चुनचुनी
और तलवों में
गुदगुदी ओस की

मिट्टी की हाँड़ी
घावों को सोखनेवाले पत्ते
दवा की शीशी में
साँसों को पूरकर
बनाई ढिबरी
और हथेलियों की रगड़ से
पैदा होनेवाली आग

खूँटी पर टँगा है
हरदम साथ देनेवाला अँगोछा
और उसके खूँट में बँधा
तीन लोकों के धन बराबर
तीन मुट्ठी चबेना

शायद किसी काम आए
अगर कभी लौटो

ढोर डंगर खेत खलिहान तो
बिक गए
बेटियों के ब्याह तुम्हारी पढ़ाई में
गोबर लिपी कच्ची दीवार है
और फूस का छप्पर
आप छाया करता रहा जिसे
हर बारिश के पहले बाद

तुम्हारे नाम कर रहा
कुंजियाँ कुछ पर ताले सन्दूकची कोई नहीं

मुँहअँधेरे जागने का अभ्यास
और दिशाओं का बोध
कुछ पद कहावतें गालियाँ
अपनी बहुत अपनी सी
हर मौसम हर समय के लिए
और क्या दे सकता
पाती भर की शिक्षा मेरी
तुम तो इतना पढ़ सीख गए

एक नाम
धूसर मटमैला अटपटा सा
और कुछ नातेदारियाँ
अनभावन लगे तो बदल लेना
जैसे बदल ली जमीन अलगा लीं जड़ें

ऋण मेरा चुकाना है
इसलिए या इस डर से
आने नहीं आने का फैसला मत करना
खाते मिलाकर जाऊँगा

अन्त में
रोशनी पर
पानी का झिलमिल परदा गिराए

आँखों की नमी
और कलेजे की आग थोड़ी सी
रख दूँ

शायद यह चिट्ठी
तुम्हें देर से मिले
क्योंकि पहले मिलने से
कोई यात्रा रुक जाएगी तुम्हारी
मेरे काम में आने से
रह जाएगा कोई जरूरी काम तुम्हारा

यह किस तरह
जलता है आदमी
अपने अन्त में
कि कोई ताप नहीं पाता उसकी आँच

एक अलाव की तरह जलने की
अन्तिम इच्छा
छोड़ता तुम्हारे लिए
और सवेरे के चाँद की तरह
उसकी बुझी राख में
कुछ सोंधे पके आलू
और कोई चिनगारी
प्रतीक्षा करती आँखों की कौंध सी...

## ठिठोली

कितनी सूनी सेज नवेली बोलो तो
साजन के थी साथ अकेली बोलो तो

इस करवट से उस करवट हो जाना है
यह क्या कुट्टी यह क्या मेली बोलो तो

बाला बालम पूछे भोले बच्चे सा
पहले किस किस के सँग खेली बोलो तो

जिसको बचपन में सुलझाया करते थे
उलझी वो किस कदर पहेली बोलो तो

भीतर भीतर या बाहर ही जश्न रहा
कैसी थी पहली घरहेली बोलो तो

कितनी दूरी सँकरी पगडंडी लाई
आगे कैसी ठेलमठेली बोलो तो

क्या सब कुछ नाजुक था उस सपने जैसा
गूँगे के मुँह गुड़ की भेली बोलो तो

दिन का कुटना पिसना सहना क्या कहना
रात मनाई जो रँगरेली बोलो तो

एक पहेली हो तुम एक पहेली वो
रच दी कोई और पहेली बोलो तो

किसकी याद जगा देती है रातों को
इन होंठों पर रखे हथेली बोलो तो

उजली उजली ही रख दी फिर भोर हुए
करनी थी चादर जो मैली बोलो तो

दिल के भीतर छुपा रखी थी जो चिट्ठी
किसने नींद जगाकर ले ली बोलो तो

यह तेरा अपना सुख अपना दुख 'अनिमेष'
इसको बाँटे कौन सहेली बोलो तो

# अरजी

नियरे नाहीं
बोलो बाबुल से मर जी के बेटी अगर बियाही

दूर देस से चली हवाएँ
खुशबू की सौगातें लाएँ

नहीं दिखे तन के पन्ने पर फैली नील सियाही

सपनों में आए मुसकाए
दिल की साँकल को खड़काए

अच्छा है आँखों से सूरत उतरे तो मन माही

पास रहे जी कब मानेगा
मुड़ मुड़ कर ये दर देखेगा

घबराएँगे सब अब क्या लेने आई बौराही

तुम भी न आना मान गँवाना
हम भी लेंगे ढूँढ़ बहाना

खैर खबर दे दिया करेंगे आते जाते राही

इतनी दूर सुनो ना सिसकी
पहली चीख न आखिर हिचकी

बाकी तुम्हीं समझ लेना हम कह सकते इतना ही

## पाती

बाबुल ये किस देस बियाहा

बेटी तेरी काम करे है
एक न पल आराम करे है

मार पीट ताने गाली ये ही मिलता दरमाहा

हमने खुद ही होंठ सिले हैं
फिर भी इतने जख्म मिले हैं

उस पर मिर्च मसालों का लगता मरहम औ' फाहा

बेंच दिया था तब ही तो सब
और इन्हें तुम दोगे क्या अब

कैसा कर्ज कि रोज दुहे भी जो ना गया उगाहा

मैंने वो ही लगन लगाई
तुमने थी जो सीख सिखाई

रहते सहते हो जाएगा अनचाहा मनचाहा

खबर मिलेगी तो आओगे
तुम भी ठोकर ही खाओगे

यही कहोगे सब्र करो या चल अब खूब निबाहा

## मन्नत

अगले जनम इनको बेटी बनाना
जैसे अभी हम हैं यूँ ही बनाना

नूर एक कतरा है अँधियारे गहरे
जीने पे पहरे हैं मरने पे पहरे

इक साँस को भी इक अरजी लगाना

जंजीरें पैरों में बाँधे है चलना
सब कुछ ही धोना है सबको है मलना

दिल को जला उस पर आँसू पकाना

सिर को झुका पाँव उनके दबाएँ
ना भी जो बोलें वो तो हाँ मिलाएँ

जी की करें कुछ तो पगली बनाना

ये जो मुहब्बत है इसमें भी धोखे
तन भर ही सब कुछ है मन कौन देखे

वादों में जन्मों का रिश्ता निभाना

हर बार कर माफ पाएँ सजाएँ
है रीत कैसी ये कैसा है न्याय

अपना न ताना है अपना न बाना

माटी का पिंजरा है पानी का दाना
आकाश तकना है पर फड़फड़ाना

मन की सिलेटी पे लिखना मिटाना

होंठों पर अब तो यही बस दुआ है
हम पर जो बीता जो हम पर हुआ है

ऐसे न दिन फिर किसी को दिखाना

## अलाव

दर्जी लाया कतरन भर दिन की
बढ़ई दो जून की कुन्नी
चरवाहे ले आए चार पहर के पत्ते सूखे
कंडे उपले ग्वाले

खेतिहरों के पास था पुआल
छीलन चमड़े की मोची के साथ
धुनिए ने जुटाई पिछले मौसम की रुई
और लुहार पकड़ लाया
घन से छिटकता अंगार

मजदूरों की थी अपनी थकान हँसी ठिठोली
गाड़ीवानों के साथ टूटे पहिए
और नहीं तो गवैया
लेकर आया बजते दाँतों के बीच
गीतों के चकमक मुखड़े

मेरे पास
कुछ कहाँ
केवल आखर थोड़े
कागज के मुड़े तुड़े टुकड़े...

कोई बात नहीं
अच्छा लगा सबने कहा
कोई बात नहीं आ जाओ

संयोग देखो
किसी का कुछ
नहीं जला

उस रात
सबने तापी
मेरे ही जज्बों की आँच!

## कृतज्ञता

बरतन बज रहे थे रसोई में
तुम्हारी पत्नी
खाना बना रही होगी

पानी गिरने और छपकने की आवाज रह रहकर
शायद तुम थे गुसलखाने में

बच्चों की हँसी दौड़ रही थी भीतर
एक दूसरे का पीछा करती
अपने खेल में
मगन होंगे वे

बैठक में तुम्हारे पिता
कह रहे थे कुछ खुद से
याद कर रहे होंगे पिछली बातें
अब जो देख सुन नहीं पाते

घंटी काम नहीं कर रही थी
बिजली न होने से
क्योंकि पंखे की चरमराहट नहीं
दीवाल घड़ी का चलना सुनाई दे रहा था
गौर करने पर

थोड़ा थोड़ा रुककर
दो दफे दी दस्तक
इससे ज्यादा

दखल देना
खलल डालना मुझे लगता
जो नहीं मेरे स्वभाव में

दरवाजा न खुला
चला आया
पर कहना गलत होगा
कि मिल न सका

मैं मिला घर की कई आहटों से
भेंट हुई जैसी नहीं हुई थी अरसे से
आना सार्थक हुआ
कृतज्ञ हूँ तुम्हारा...

## मान

मुसकराता हुआ वह
बढ़ता मेरी ओर
बातें करने लगता आत्मीयता से

उसकी मुसकान
और आँखों की चमक से झलकता
वह मुझे अच्छी तरह जानता

पहले कहीं मिला होगा
हुआ होगा परिचय
पर इस समय ध्यान नहीं आ रहा

और कहिए कैसे हैं
क्या हालचाल है पूछता हूँ
सब कुशल मंगल तो है
घर में ठीक तो हैं न सब लोग
आजकल कहाँ हैं...

इसी तरह के सहज सुरक्षित सवाल
कि वह जान न पाए
अभी मैं उसे नहीं जानता

बातें करता
सोचता जाता जाहिर किए बगैर
आखिर कब कहाँ हुई थी भेंट
कैसे किधर से वह जुड़ता है मुझसे

सुनता कहता
बड़े सँभाल से
कि पकड़ा न जाऊँ
और प्रतीक्षा करता
बातों ही बातों में
कोई सिरा मिले
जिससे पहचान खुले

माफ करिए भूल रहा आपका नाम...
सीधे सीधे मदद उसकी ले सकता

पर इसमें डर है उसके आहत होने का
इतनी भली तरह वह मुझे जानता
और मैं उसका नाम तक नहीं

अभी इतना भी
बड़ा नहीं हुआ
कि न हो इतना खयाल
कोई मिले और आगे बढ़ जाऊँ कतराकर
देखकर मुसकराकर हाथ हिलाकर
निकल जाऊँ उसकी बातों के बीच से
रास्ता बनाकर

कोई है जिसे याद हूँ
लेकिन मैं भूल गया हूँ

कुछ हैं
जिन्हें मैं नहीं जानता
पर वे मुझे
जानते हैं
ऐसे कितने हैं... ?

एक पल के लिए
जाने कहाँ से

तुष्टि सी जागती

जबकि सन्ताप होना चाहिए था
अफ़सोस अपनी लाचारी पर

अब तक पहचान नहीं सका
हालाँकि वह इतनी देर रहा
और इतना मौका दिया

चलूँ ...नहीं तो छूट जाएगी गाड़ी
अब वह जा रहा
अब भी नहीं मिला उसका नाम

शायद वह उतना सफल नहीं जीवन में

सफलता का अभी पैमाना यही
कितने तुम्हें जाननेवाले
जिन्हें तुम नहीं पहचानते

यह एक ऐसा दौर
जिसमें स्मृति और पहचान
न होने का अभिमान...!

## भरोसा

भरोसा रखना होगा
डाकिया पहुँचा देगा चिट्ठियाँ
और गाड़ी ले जाएगी मुकाम तक
कहीं न कहीं अनजाने होंगे सभी
और वहाँ यह भरोसा ही साथ देगा
कि पूछने पर कोई सही बताएगा रास्ता
और किसी सुनसान में गिर गए चलते–चलते
तो कुत्ते भी खींच लाएँगे बस्ती में

भरोसा रखना होगा
कि नई माँओं के सीने में उतरेगा दूध
नए फूलों से उमगेगी गन्ध
चाहे कुछ हो कभी
धोखा नहीं देगी आँखों की नमी

भरोसा रखना होगा
कि नमक की जगह मिला नहीं होगा जहर
कि लौटने पर वहीं मिलेगा घर
सूर्य उगेगा फिर
अगली सुबह खुलेंगी
और देखेंगी आँखें

कुछ भरोसों की रेजगारी
चाहिए गाढ़े दिनों के लिए

इसके बिना
प्यार नहीं किया जा सकता
गीत नहीं रचे जा सकते
जूझा नहीं जा सकता जीवन में...

## उम्मीद की एक कविता

जिसकी हथेली रहती गरम
और कनपटी लाल
जो पसीने से हो जाता सराबोर

उस आदमी से है उम्मीद

अंजुल से जो ओड़ता पानी
पलहथी पर धूप
छूँछे हाथों की रगड़ से काटता शीत

उम्मीद है उस आदमी से

आखरों को ले आता आँखों के करीब
सुई चुभोकर बहा देता टभकते घाव की पीब
काम की तन्मयता में झाँकती जिसकी जीभ

है उस आदमी से उम्मीद

जिसकी कमीज का बटन डेढ़वार लगा रहता है
जिसके पाजामे का इजारबन्द लटकता रहता है
होंठों से छिटकती झींसी जब कुछ कहता है

उस आदमी से उम्मीद है
अब भी!

## रात

रात जिसमें बात हो
हाथ में इक हाथ हो

जिन्दगी की हर सहर उस रात से होती है दोस्त

रात जिसमें धड़कनें
साथ इक सपना बुनें

जिन्दगी सच का सफर उस रात से होती है दोस्त

रात जिसको एक लौ
देखती बेखौफ हो

जिन्दगी सबकी नजर उस रात से होती है दोस्त

रात जो हो सरगमी
रात जो हो शबनमी

जिन्दगी भर रूह तर उस रात से होती है दोस्त

रात जिसका चाँद हो
रात जिसकी याद हो

जिन्दगी इक हमसफर उस रात से होती है दोस्त

रात जो कल के लिए
हो खुली पलकें लिये

जिन्दगी ये मोतबर उस रात से होती है दोस्त

रात कोई बावरी
रात जैसे आखिरी

जिन्दगी सच में बसर उस रात से होती है दोस्त

## चाहत

तुम्हारे साथ भीगने की
तुम्हारी रात जागने की
ख्वाहिश ही रह गई...

तेरी जुल्फों से खेलने की
तेरे होंठों से बोलने की

तेरी धड़कन सहेजने की
तेरी रग रग में गूँजने की

सुखों की छाँव बैठने की
दुखों की धूप तापने की
ख्वाहिश ही रह गई...

तेरी आँखों से देखने की
तेरी पलकों को पोंछने की

तेरी लहरों में डूबने की
तेरे शिखरों को चूमने की

तुम्हारी बात बूझने की
तुम्हारे साथ सींझने की
ख्वाहिश ही रह गई...

तेरे तिनके बटोरने की
तेरे कतरों को जोड़ने की

तेरे काँटे निकालने की
तेरा दामन सँभालने की

जरा सी ओस चाटने की
जनम की प्यास पाटने की
ख्वाहिश ही रह गई...

तेरे सपने सँवारने की
तेरे सच को पुकारने की

तेरी मिट्टी को सींचने की
तुझ तक आकाश खींचने की

तुम्हारी बाट देखने की
तुम्हारे घाट लौटने की
ख्वाहिश ही रह गई...

तेरी खुशबू में महमहाता
तेरी साँसों से लहलहाता

तेरे साँचे पिघल के ढलता
तेरे रंगों में घुल के मिलता

समय की धूल फाँकने की
तेरे सँग खाक छानने की
ख्वाहिश ही रह गई...

## ठोड़ी

उँगलियाँ ठोड़ी पर टिकाए
क्या सोचती हो?

यही कि जब बच्ची थी
और हर कोई
ठोड़ी पर उँगली रखकर
हँसाता था
तब मैं कहाँ था

भटक रहा था कहीं बचपन के गलियारे में
या मानती हो तब भी था
सीधा सादा मगर इतना ही सयाना?

बच्ची थी
क्या तब भी थी तुम्हारी ठोड़ी?

मुझे तो लगता
यह नींद में किसी कन्धे पर उझकने से
बनी है या फिर
कोई तीखी निगाह चुभने से

सच क्या
बस इतना
कि इसकी जो गहराई
उतने भर ही

इस जीवन में
अपनी समाई

ठोड़ी पर उँगली टिकाए
क्या सोचती

ठोड़ी पर है उँगली
या उँगली पर ठोड़ी ?

कुछ भी हो पर यह है
कि रचनेवाले ने
जोड़े में बनाईं कई भली चीजें
पर यह एक
नहीं जिसकी जोड़ी

ओ साँवली सलोनी गुड्डी
जब हो जाओगी बुड्ढी
तब भी
इसी तरह रहेगी
तुम्हारी ठुड्डी

कहना कुछ कुछ कह जाता
और चाहता जो कहना
कभी न कह सकूँगा
शायद तब भी रहूँगा
प्यार में
इतना ही फिसड्डी...

## कुहनियाँ

तुमसे मिलने के लिए दौड़ा दौड़ा
आता हूँ और
दरवाजे से टकराती कुहनी

सुबह सुबह
कुहनी पर लगी चोट की झनझनाहट
तुम जानती हो

जीवन पर तना
इन्द्रधनुष की तरह
कुहनियों के बल

बचाना है इसे
धूप बारिश में
जबकि चटख रही है
नीचे जमीन

कुहनियों के बल
एक पथरीले ऊबड़ खाबड़ रास्ते पर
चलता हूँ
कि पूरा घर
इसी पर चलता है

भीड़ और हवा ठेलता कुहनियों से
कितना आगे
निकल गया होगा वह रेले के साथ

जिससे अभी
छूटा हाथ

जहाँ ठिठकता
चुभती हैं वक्त की कुहनियाँ
पसलियों में

दीये से रगड़कर आती तुम देह
धुलकर नहाकर धूप में जाड़े की
फिर भी साँवली होतीं
कुहनियाँ तुम्हारी
गहरी सोच की तरह

एक चुम्बन का वरदान
तुम्हारा दिया मेरे पास

चूम सकता हूँ
कहीं भी एक बार—

सब छोड़
चूमता
तुम्हारी कुहनियाँ

सोच में
जिनके बल हाथों में
थामे रखा
तुमने अपना चेहरा

जिनकी टेक के
अब भी साफ निशान हैं
मेरी स्मृति में...

## भवें

खिंची हुई प्रत्यंचा हैं ये
या शिरोरेखा सियाह सिलेटी रोंयों की

कमानी
काम या
कामना की

मगर काम कौन सा करतीं
कामना कौन सी
होती इनसे पूरी ?

आँखों को ढँकने के लिए
साफ रखने के लिए
बरौनियाँ पलकों की
ये भवें किस खातिर ?

क्या पाँवपोश हैं
सिर से जाते पानी
या पेशानी के पसीने का
कि न पहुँचे आँखों तक ?

ऊपर की ओर जातीं
हँसी की रेखाएँ सारी
क्या ये चिरन्तन उदासी
फैलें तो प्रश्न या क्षोभ
सिकुड़ें तो संशय ?

क्या आँखों की
मूँछें कह सकते इन्हें
जैसे मूँछों को
होंठों की भवें ?

लेकिन भवें मुड़वाने की
कब देता कोई चुनौती
मूँछों की तो ऐसी पूछ
इतना मान

इसलिए नहीं
कि होंठों के ऊपर
शायद इसलिए
कि ठीक नाक के नीचे
उनका स्थान

एक हैं
दोनों तरफ की मिलकर
मूँछें फिर भी मूँछें

बड़ा गुस्सैल वह माना जाता
बढ़कर
जुड़कर
भवें जिसकी
एक होतीं

मैं जानता हूँ ऐसे आदमी को
जो दाढ़ी बनाते हर बार
नाक के ठीक ऊपर
भवों की सन्धि को भी काटता
हालाँकि इससे खीज उसकी
कितनी मिटती
कहा नहीं जा सकता

आधुनिकता की खूबी
वह अभावों को भी
सम्भ्रान्त आदतें सौंपती

उन लड़कियों का भी है पता
जो सुन्दरता के सैलूनों तक जातीं
अपनी भवें वहाँ बनवातीं
कि इससे ज्यादा
कुछ महँगा पड़ेगा

समझ नहीं पातीं भवें
कवियों ने
क्या देखा उनमें
क्यों काढ़े
ऐसे कसीदे

आखिर किस तरह उन्होंने
आहत किया इतने जनों को?

जेब से
कंघी निकाल
कोई मूँछों पर फिराता
फिर सीधे सिर के बालों की तरफ
चला जाता
किसे उनका खयाल आता
क्या कोई
भवों में भी
रंग लगाता?

एक और सवाल
क्योंकि सवाल ही तो हैं भवें
और सवाल ही कर सकतीं
क्या भवें कभी
मूँछों से मिल सकतीं?

हाँ जरूर
अगर कोई
चूमे आँखों को

यह भी है
एक सच्चाई
कूची उठाकर जल्दी से
बस तीन रेखाओं से
आँकता कोई चेहरा
तो नाक के नीचे की मूँछें
और ऊपर की भवें ही बनाता

लेकिन फिलहाल तो
आँखों के ये अलंकरण भी
शामिल उनकी ही कतार में
कागज पर जिनकी इतनी चर्चा
पर जीवन में उपेक्षा

बस लड़कियों का
कुछ भरोसा

जो कम से कम थोड़ा
तो रखतीं खयाल
करतीं देखभाल

भवों के लिए
बस यही
खुश होने की बात
कि अब मूँछें प्रचलन से
बाहर जा रहीं

पर वे हैं
कि अभी तक हैं

भले ही
आजकल कवि
उन पर नहीं लिखते कविताएँ

लेकिन स्त्रियों के पास
कुछ जरूर रहता
छुपा सहेजकर रखा
उन्हें सँवारने के लिए...

# रिक्शे पर हँसी

तीन लड़कियाँ रिक्शे पर बैठी जोर जोर से हँस रहीं
हँस रहीं कि रिक्शे पर वे तीनों हैं और वही तीन
शायद पहले कभी रिक्शे पर नहीं बैठीं इस तरह
शायद बगल की भीड़ शोर शराबे और तमाशे पर हँस रहीं
या उस दुनिया पर जिसमें दिन दिन गिनती उनकी कम हो रही
जबकि इस रिक्शे पर वही हैं और हँसी ऐसी
कि आगे की सीट पर बैठा चालक मानो इत्र सा उड़ा जा रहा
हँसते हुए वे हिल रहीं हिलमिल कर हँस रहीं लहरा रहीं
हँस रही हैं कि आसमान में इस समय आँधियों का रंग है
इस बात पर भी कि घर से बताकर नहीं निकलीं और अब
यहाँ हैं भरी सड़क पर हँस हँसकर अपने होने का ऐलान करतीं
उन बेचारे कमजोर कृशकाय लड़कों के भौचकपन पर हँसतीं
जो अगर वे चुपचाप होतीं या अकेली तो फब्तियाँ कसते सीटी बजाते
हँसती हैं कि तय नहीं किया रिक्शे पर किधर जाना रुकना कहाँ
या कि रिक्शे वाले को देने के लिए अभी उनके पास खुला नहीं कुछ इस
हँसी के सिवा
और जो है ऐसा कि चला नहीं सकतीं भँजा नहीं सकतीं इस बाजार में
हँसे जा रहीं कि इस तरह कभी नहीं हँसीं
इस बात पर कि वे एक दूसरे से सटीं और फिर भी
किस खूबसूरती से अटी हैं जैसे किसी खूबसूरत तसवीर में
किसी तसवीर के चौखटे में कैद नहीं होना चाहतीं इसलिए डालियों की तरह
हाथ हिला हिलाकर पत्तों की तरह हँसी बिखेरतीं
यह हरी हँसी है हारी हुई नहीं
शायद वे एक दूसरे के प्रेम के बारे में पूछकर लगा रहीं ठहाके
प्रेम को निरीह बोलकर अदना बताकर छौना बुलाकर
किलकतीं कि आज तक प्यार को इतना प्यारा नाम किसी ने नहीं दिया

खिलखिलातीं इस बात पर कि कोई बात नहीं और यह कि
बात का होना क्या जरूरी उनके होने या हँसने के लिए

मुमकिन है हँस रहीं सरकार की इस घोषणा पर कि रिक्शे अब और नहीं चलेंगे इस शहर में
क्योंकि आदमी का आदमी को खींचना आदमीयत नहीं
शायद वे हँस रही हैं दुनिया के इस चित्र पर जिसमें उन्मत्त आदमियों से लदी फँदी
यह हाथगाड़ी बाल खोले कुछ औरतें मिलकर खींच रहीं

वे हँस रहीं कि मालूम नहीं क्यों
और कोई कवि लिखे जा रहा कुछ जाने समझे बिना...

## हवाई चप्पल

जो हरदम रहते जमीन पर
हवा में नहीं उड़ सकते
यह उनके लिए
कितना बढ़िया जरिया
हवा से जुड़ने का

सुबह और मीठी हुई
रात की रोटियाँ खाकर
अपने थैले उठाए
निकल जाते हम घर से
पैरों में डाले हवाई चप्पलें
उन ढेर सारे लोगों में शुमार
अलग अलग जगहों के लिए
अलग अलग नहीं जिनके पास पदत्राण
या नए नए जूते हर दिन के

बारिश के दिनों में
हवाई चप्पलों से
उड़ते हवाई छींटे
हवा से ही नहीं
धरती के मिट्टी पानी से भी
ये बातें करती चलतीं
जो पहने हुए उनके साथ साथ
पीछे चलनेवाले नंगे पाँवों से भी

पलटकर देखता कोई
तो दंग रह जाता
कि पीठ पीछे उसके कॉलर तक पड़े हैं छींटे
मगर अपनी सारी लचक के बावजूद
खुद इतना मुड़कर कौन देख पाता
रास्ते पर दूसरे की आँखें ही आईना

छींटों और फिसलन से बचने के लिए
भरसक पाँव दबाकर चलने की हिदायत दोहराते हम जाते
जैसे चलती बिल्ली भीगी
बिल्ली मिलती तो पूछते
पहनकर दिखाओगी हमारी हवाई चप्पलें
देखें फिर तुम कैसे चलती
कितना बचती कहाँ सँभलती

वह मगर हँस देती मूँछें हिलाती
मेरे तलवों में
तो लगी हुई
ये चप्पलें
पैदाइशी
बिलकुल मेरी नाप की
इसलिए न मैं गिरती
काई लगी मुँडेरों से
न उड़ते छींटे मेरे पैरों के
कहीं भागते चलते

दौड़ते हम तो हवाई चप्पलें हमारी
सरका देतीं हमें और आगे
अपनी इच्छा अपने बल से

जब तब निकल जाता उनका फीता
रुककर राह में कुछ पल के लिए
उँगलियों से उन्हें भीतर ठेलते दुरुस्त करते
उतनी देर प्रतीक्षा करते साथी सारे

पाँव बढ़ाए ठिठके हुए
हमारी नन्ही उँगलियाँ मजबूत हुईं इसी तरह
पगा हमारा साथ भी

चूड़ियों से साड़ियों से निकाल
हमारी टूटी चप्पलों में
माँओं बहनों ने
गूँथीं अपनी सेफ्टी पिनें

बहुत चलतीं हवाई चप्पलें
चलते-चलते
पत्तों सी पतली हो जाने के बाद भी
एक दिन हवा में उड़ जाने से पहले तक

घिसना कितना
घिसा पिटा लगता
उनके छीजने को कहते हम
खिया जाना
यह जीवन भी अपना चलते-चलते
अब कितना खिया गया
मगर चप्पलें अब तक चलतीं
हमारे तलवों से लगी
जबकि आसपास होता गया क्या क्या नया

हमारा बस चले
तो हम कभी न उतारें
अपनी हवाई चप्पलें

सम्मानों समारोहों से
वापस कर दिया गया हमें
कि पहन रखी थीं हमने
चप्पलें ऐसी

हवाई चप्पल
नाम यह कितना अपना सा
जमीन आसमान को मिलाता
हमेशा पैरों के नीचे
दबे रहनेवाले के लिए
इतना मान भरा

कभी पादुकाएँ थीं
वक्त पड़ने पर जो
आसन पर रखी जातीं
शासन करतीं

और काठ का खट खट खड़ाऊँ
जिसके पीछे आई चाम की चट्टी

उड़ान भरनेवाली
इन हवाई चप्पलों की जगह
अब आ गए
'स्लीपर' भरे दिन में सोए रहनेवाले

बच्चों से पूछा एक दिन
हवाई जहाज है क्या?
उँगलियों से दिखाया उन्होंने आसमान
और हवाई चप्पल?
फिर पैरों की ओर किया उन्होंने इशारा
मैं खुश हुआ
कि उन्हें इतना तो है पता

अब तक उनके पास
यह थाती
अब भी अपनी भाषा
इतनी तो उन्हें
समझ आती...!

## आलू दम

आलू दम
मसाला कम

फिर भी
तब भी
आलू में है दम

गोल गोल आलू
लटपट मसाला

आलू गरम गरम
आलू में है दम

बाढ़ में बचा लेगा
काल में सँभालेगा

अजब गजब यह आलू

जितना स्वर
उतना व्यंजन
जितना फल
उतना भोजन
एक साथ स्वाद पथ्य साध्य आराध्य

समोसे से डोसे तक में समाया
गालों से कन्धों तक

चोखे से हर कुछ के धोखे तक

आलू गरम गरम
आलू में है दम

और कुछ रहे न रहे
रहेगा आलू चलेगा आलू
जीवन का गीत रहेगा चालू

कहीं चले जाएँ
किसी गाँव किसी देश में
मन का कुछ और मिले न मिले
मिलेगा आलू

एक दृश्य ईश्वर
जिसे छुआ जा सके
महसूस किया जा सके
जिसकी ऊष्मा को
बाहर और भीतर

किसकी टोकरी से छितराकर
बिखरा यह दुनिया भर में
बच्चों की गेंद की तरह लुढ़कता
गोल गोल आलू
अपनी ही आँख से उपजता

किसकी गोद से उछले
फैल गए ब्रह्मांड में
जीवन के ये गोले
जीवन का विस्फोट
सारे जग की ओट

एक अकेला आलू अपने में समेटे
सोलह कलाएँ छप्पन भोग

उसका रंग
तुम्हारी चमड़ी के रंग से कितना मिलता
चमड़ी छिलती तो कहते आलू सी छिल गई
यह आदमी का आलूपन या आलू की मनुष्यता?

दुनिया भर में फैली
आलू की प्रजातियाँ
यह भरोसा जो हर समय
हर प्रलय
और भूख और दुख से होनेवाले महासंग्राम से
बचाए रहेगा बनाए

जिन्दा है आलू
जीवित दुनिया
प्राणवान वसुन्धरा

आलू से
आलू के दम से

पर जिन्होंने इसे उगाया
जिनसे गया इन्हें पाया
नष्ट कर दिए गए वे सारे के सारे

यह कैसी बर्बरता
कैसी विडम्बना
कैसी माया

सभ्यता के इस इतिहास में
कितनी नृशंसता से
आदमी ने
आदमी का किया सफाया...

## सिरजनहार

देखता हूँ
घूम फिरकर फेरे देते थककर
एक छाँह में सड़क किनारे
अपनी बुनी चटाइयों के गट्ठर पर
सोया हुआ कारीगर

सूनी और सीधी धूप में
छेदवाली छतरी के नीचे
पुरानी अपनी पनही में
कील ठोंकता मोची

किसी अनदिन के आईने में
खाली सैलून में अपने बाल
सहेजता नाई

ध्यान से गुजरता
किसी उत्सव के परे
अपने परिवार को रिक्शे पर बिठाए
ले जाता रिक्शावान

जब दिन न रात
कोने के टेबुल पर
प्लेट लेकर बैठा
होटल का लड़का

देर रात मद्धम काँपती लौ में
नींद में उझकता अपने बच्चों को पढ़ाता
ट्यूशन मास्टर

एक छीमी तिरछी कर
बछड़े के गले में धार छोड़ते
सोचता दुहनेवाला
क्या किसी तरह
गाय के मुँह तक
ले जाया जा सकता है इसे ?

जो सिरजता है
अपने लिए
कहाँ
अरजता है...

## इलायची

एक छोटी इलायची में
नन्हे नन्हे कई दाने
एक दूसरे से हिले मिले

एक दाना धीरे से निकालकर
थमा देता टिकट बाबू को
और अन्तिम गाड़ी की आखिरी सीट
मिल जाती

जिस मेज पर रखता अपनी अरजी
उस पर धर देता कुछ दाने
चाँप की तरह
कि उड़े नहीं

पान खाकर मुड़ते हत्यारे की तरफ
लपकता कहता
आपकी इलायची तो छूट ही गई

एक गए गुजरे पहुँचे हुए आदमी की
आवभगत करता अपने घर
चाय में इलायची डालकर

मैंने क्या किया
अपना या किसी का

क्या वे धुआँ धुआँ सी शामें जहन में हैं
जब दो जन शब्दों की बिचवानी बिना
साथ बैठे रहते देर तक
और चलने से पहले
एक इलायची खोलकर
रखते आधी आधी
एक दूसरे की हथेली पर

जिन्दगी अब ऐसी
इतनी ही बची है
जेब के किसी कोने में
आधी इलायची है...

## नीची छतें

मानो
झुकी पीठवाला बूढ़ा
या कोई बच्चा खड़ा
हाथ उठाकर
जैसे धरती से टिका दिया हो
उसका ही कोई पत्तर उकसाकर

सिल बाहर
चूल्हा बाहर
जब तक मौसम की न पड़े मार
या कोई न हो इस तरह लाचार
घर के आगे खुले में ही
जागता सोता पूरा परिवार

भीतर बस
कुछ पानी कुछ पक्षी
जीने के चन्द जरूरी औजार

कम नहीं अगर
मिलकर इतने तक
उठा सकें
होने का पहाड़

नीची छतों के घर ये
जो कभी बड़े नहीं होते
आदमी के कद से

जिनसे जीवन निकलता
फुदक फुदककर

जिनमें दुख प्रवेश करता
हमेशा निहुरकर

## द्रुतगामी में बच्चा

अभी बस अभी घुटने छिले जरा
अभी अभी तो चलना शुरू किया
अभी अभी तो हाथ बढ़ाए हैं
सबसे हिलना मिलना शुरू किया

अभी अभी इक गूँज सुनी मैंने
आँखों में इक लौ सी देखी है
अभी अभी इक पुल से गुजरा हूँ
लहरों की यह पहली झाँकी है

अभी अभी तो कुछ कुछ जाना है
अभी तनिक थोड़ा पहचाना है
इस रस्ते को अपना कहने में
जाने कितना आना जाना है

अभी अभी आँखों में धूल पड़ी
अभी दबी दरवाजे में उँगली
अभी लगी है ठेस अभी सँभला
पहली पहली चीख यहाँ निकली

अभी बजी है जंगल में सीटी
इक सुरंग की स्याही झलकी है
जगे अभी हैं पत्तों में जुगनू
पहियों ने फिर पटरी बदली है

एक बूँद से छिटका अभी अभी
अभी कटी है नाल अभी अलगा
अभी अभी तो खुलीं जरा पलकें
अभी अभी तो घर से हूँ निकला

अभी अभी ही सीखा सँजोना
कितना कुछ पाना कितना खोना
काल खड़ा है काले कपड़ों में
शुरू हुआ था अभी अभी होना...

# युक्ति

बिछड़ते समय
बदल लिये थे मैंने हाथ

अब रहूँ कहीं
मेरा हाथ तुम्हारे पास
स्पर्श करता तुम्हें
सोच में
सँभालता चेहरा तुम्हारा
नींद में थपकाता
पोंछता आँसू देता धूप में ओट...

और उससे
कर सकता कुछ भी गलत कैसे

सँवारता हूँ दुनिया को मैं
तुम्हारे हाथ से!

## झाँइयाँ

टूटे तारों की धूल
चोट से पड़ा थक्का
काजल रूठा हुआ

पलकों की परछाइयाँ हैं ये
दीये तले का अँधेरा

गहरी सोच की आँच
जागे स्वप्न का दंश
स्मृति की पँखुड़ियाँ कुम्हलाई
सियाही लेखनी से ढलकी हुई...

तुम्हारी आँखों के करीब रहना चाहा था
पर इस तरह तो नहीं!

## सहयात्रा

हर कोई
अपनी जगह परेशान

जो दरवाजे पर टँगा किसी तरह
टेक ढूँढ़ रहा पाँव रोपने के लिए

जो खड़ा है भीतर
उजबुजाता साँस ढूँढ़ता

सीट पर जो उसकी जाँघें
भर गई हैं बिना हिले डुले

कंडक्टर इसी में उचक उझककर
काट रहा सबका टिकट

और खलासी बस ठोंकता हाँक लगाता
फाँका गाड़ी गाड़ी फाँका...

## असह-यात्रा

लदी फँदी बस में आठवाँ महीना लिये
चढ़ी है स्त्री

मैं कहना चाहता
यह समय अच्छा नहीं है
इस सफर के लिए

मगर उसकी आँखों की नबूझ चमक भीगी सी
बता रही उसे इस समय से
कोई शिकायत नहीं अभी
बस उम्मीद है

क्या और कोई उपाय नहीं था उसके पास
दूसरा कोई जरिया
दरवाजे के पास कोने में
छत का हत्था पकड़े
डगमगा रही है

उसे नहीं आना चाहिए था इस बस में

लेकिन उसकी चोटियों की जो धुन है
लग रहा उससे
मानो हवा में उड़ रही वह
वैसी ही धुन जो
नचाती पृथ्वी को
अनन्त शून्य में

क्या पृथ्वी के पाँव भारी हैं?
यह उसका कैवाँ महीना चल रहा?

ऊबड़ खाबड़ राह
और बस की चाल बेपरवाह
झिंझोड़ रही उसे
छलमला रहा जीवन उसके भीतर

मैं थामना चाहता
पृथ्वी की तरह उभरे उसके पेट को
सहेजना चाहता
चाँद और सूरज सँभाले उसके सीने

पर भीड़ इतनी
और होड़ ऐसी
कि हिल भी नहीं पा रहा
अपनी जगह से

बस सोचता

अच्छा यही होगा जल्दी से
उसका पड़ाव आए
वह उतर जाए

और उसके लिए
बस ठहरे वहाँ
जितनी देर ठहरती है
दो आदमियों के लिए

खासकर तब जबकि
उनमें से एक इतना नया है
कि अभी इस दुनिया में
आना ही चाहता है...

# राह में रह जाना

समय से पहले चला था मैं
और मेरे साथ ही निकले और भी
कि दिन ढलते ढलते
पहुँच जाएँ गन्तव्य तक

इसके कुछ भेद थे—

अपनी लीक से अलग
अपने लक्ष्य के सिवा
कुछ न देखना
किसी पुकार पर न ठिठकना
और ठिठकना तो रुकना
हरगिज नहीं

जिनके जूतों के फीते खुल गए
खुले फीतों के संग भाग रहे थे
हर कदम पर अपने ही दूसरे पैर से
उलझकर गिरने के
खतरनाक ढंग से करीब

कोहनियों से हवा से अधिक
दूसरों का रास्ता काटते
आधे अलग हुए नाखूनों
और तलवों में चुभी कीलों के साथ
होड़ में थे सब

निवृत्त होने के लिए भी
कोई थम नहीं रहा था एक पल

मुझे अपनी कोई तकलीफ नहीं थी
पर मैंने वही भूलें कीं
जिनकी अनुभवी लोगों ने
की थी मनाही

मैंने देखा राह में
अपने ही जीवद्रव्य में छटपटाता प्राण
कुछ पल ठहरने से जिसे
शायद एक उम्र मिल जाती
कोई बच्चा जो बिलख रहा था
अपनों से छूटकर
थोड़ी कोशिश से जिन्हें
ढूँढ़ा जा सकता था

एक बूढ़ा थरथराते हुए
आहटें टटोलता
सिर्फ राह के उस पार जाने के लिए

केवल आँख ही नहीं
घायल पर फड़फड़ाती चिड़िया पूरी
मुझे दिखाई दी
धूल में गिरी
एक जरूरी चिट्ठी
आदमी के पते की
और किसी जीवन का थैला
यूँ ही पड़ा हुआ

सामने से आता साइकिल सवार हाँफता
चिल्ला रहा था अगले मोड़ पर वे
सारे साइकिलवालों को रोक रहे हैं
उनकी हवा निकालने के लिए

मुझे जरूरी लगा कि मैं यह बात
पीछे से आते लोगों को बताऊँ

इस तरह जो मेरे साथ चले थे
और जो गिरे नहीं
अपनी ही या किसी और की लंगी से

पहुँच गए
जहाँ
पहुँचना था

पड़ाव पर
पुकारा गया मेरा नाम
फिर काटकर जोड़ लिया गया उनमें
जो पहुँच न सके

अब आगे जाने का
कोई मतलब नहीं था
बेहतर था राह में
रह जाना

कोई जानना चाहे
तो बताना
कि पहुँचे हुए लोगों से कई बार
बड़ी होती हैं उनकी यात्राएँ
जो रास्ता तय नहीं कर पाए...

# दृष्टि

हद है
कि शहद में
मधुमक्खियों का रक्त लगता मिला हुआ
और गाय के दूध में दिखता
झाग भूखे बछड़ों के मुँह का
नरम रेशम में छिपी छटपटाहट कीट की

जो शाकाहार है
क्या सचमुच शाकाहार
चुम्बन शोषण तो नहीं
और प्यार तलाशी ?

बँधे हुए पक्षियों की फड़फड़ाहट
सुनाई देती सीनों में

एक कोट के भीतर महसूस होता
कई का नंगापन
और आदमी के चाँद पर पहुँचने की खबर
जैसे थाली में पड़ा पैर

जो सिंहासन पर है
विदूषक मालूम होता
शासक की हत्या कर जो बैठ गया गद्दी पर
आतिशबाजियों की कौंध में झिलमिलाता
बच्चों के कल का सन्नाटा

चीजें नई रोशनी में खुल रहीं
या यह अँधेरा है गहराता
जिसमें देखने के लिए
छटपटा रहीं आँखें...

## अपना बाजार

पड़ाव पर खड़ा होता प्रतीक्षा में
कि आकर सामने से
कोई पोंछने लगता
कलाई घड़ी का शीशा

डाकघर में एक आदमी लपककर
अपनी नमी लगा देता लिफाफे पर

लाओ मैं कटा देती हूँ टिकट तुम्हारा
भीड़ में कहती एक बूढ़ी आँचल पसार

तीलियाँ जलाकर चौक पर बच्चा
हथेलियों में लौ जुगाए रहता
सुलगाने के लिए राहगीरों की सिगरेट बीड़ियाँ

जेब से कंघी निकाल ठीक करना चाहता बाल
कि एक लड़की आगे कर देती
एक आईना एक चेहरा एक सवाल

यहाँ से वहाँ तक फैले खुले बाजार में
अपने अपने बोरे ठीकरे कौड़ियाँ लिये
सब लगे रोजगार में

सच जहाँपनाह
इस नए निजाम में
हर तरफ रोशनी
हर ओर राह!

## बाजार में इन्तजार

बाज़ार में इन्तजार कर रहा किसी का
यहाँ से कहीं हमें एक साथ है जाना

बेहतर होता
अगर मैं उसके घर चला जाता
या वह आ जाता मेरे यहाँ
मगर जिस समय में हम रह रहे
घर दूर है
और बाजार नजदीक
घर में मिलना मुश्किल
बाजार में आसान

चारों ओर से आते रास्ते
मुझे नहीं पता
वह किधर से ढूँढ़ता आएगा
हर तरफ है देखना
अपने को आश्वस्त करना
इतनी सारी चेहरे जैसी चीजों
या चीजों जैसे चेहरों के बीच
वह मुझे देखेगा
ठिठकेगा देखकर पहचान लेगा

एक ओर छाँव है कुछ दूर
कुछ देर खड़ा रहता वहाँ
फिर अहसास होता
यह छाँव किसी की

कुछ भी नहीं यहाँ यूँ ही
बिना लिये दिए जिसका
इस्तेमाल किया जा सकता
मैं धूप में आ जाता

थोड़े ही समय में लगने लगता
आना आसान है बाजार में
टिकना कठिन
खड़ा रहा इसी तरह
तो कोई हटा देगा
या मुझ पर अपना
इश्तिहार लगा देगा

टहलता हूँ इस मोड़ से उस मोड़
तो भी कई आँखों कन्धों कोहनियों से
टकराता कई पहियों के पड़ते छींटे
दबता कटता रह जाता

जहाँ से हटा
लौटकर देखता फिर उस जगह
कहीं ऐसा तो नहीं
वह आया और मुझे न पाकर
फिर गया
कहाँ गया होगा वह किधर
जहाँ से आते रास्ते
जरूरी नहीं ले जाएँ वहीं

जो बहुत करीबी
उनके कहीं आसपास होने से
बजने लगतीं मेरी धड़कनें
क्या वह इतने निकट है मेरे
और मैं अपने दिल की आवाज
सुन सकता हूँ इस शोर में ?

क्या करूँ उसे पुकारूँ
क्या पुकारा जा सकता यहाँ किसी को
आदमी की तरह नाम लेकर?

मुझे बेचैनी हो रही
कहीं ऐसा तो नहीं
इसी वजह से घड़ी मेरी तेज तेज चल रही
आखिर चलने का नाम है बाजार
और मैं यहाँ होना चाहता
जहाँ रहा नहीं जा सकता सौदे के बिना
राह देखता जहाँ देखने को इतना कुछ
उसके सिवा...

फिर एक बार फिरकर
उसी दुकान के सामने आता
जहाँ अपने होने उसे आने को कहा था
और ढीठ सा
खड़ा हो जाता

मुझे खबर नहीं
मेरे पीछे
बदला जा रहा
साइनबोर्ड!

## रुँधा राग

लदा है
इसलिए गधा है
या गधा
इसलिए लदा?

पीठ पर नमक है या रुई
क्या हो युक्ति
सोच में है पानी में
या हवा में मुक्ति

सीधा सधा है
इसलिए गधा है... ?

बचपन से ही चुप सिर नवाए
शुरू से सबसे उदास
जबकि सामने हिल हिलकर हँसे
खाई जानेवाली घास

किस्मत में बदा है
इसलिए गधा है... ?

पोखर में पानी पीते
कभी देखा नहीं खुद को ठीक से
कभी हटा नहीं अपने काम
अपनी नाकामी अपनी लीक से

बँधा है
इसलिए गधा है... ?

कभी लोटता बैसाख में
पाँव पीटता अलबलाता
भीड़ में अकेले भर्राए स्वर में
चाहता अपने दुख को गाना

गला रुँधा है
इसलिए गधा है
या गधा
इसलिए गला रुँधा...

## कुत्ते की नींद

ठीक से किनारे भी नहीं
जैसे वह जानता
कोई किनारा नहीं यहाँ

अपनी छाँह भर
जगह ढूँढ़कर
सोया
इस चहल पहल भरी राह पर

क्या आदमी के पास इस कुत्ते का
इत्मीनान है कुत्ते जैसा भरोसा दुनिया पर

कुत्ते जितनी नींद... ?

## कछुआ

क्या इसलिए
कि कचव कड़ा है तुम्हारा
या भीतर से बेहद नरम हो
या फिर रफ्तार की नहीं परवाह
चलते धीरे धीरे इत्मीनान से

या इसलिए
कि हो दन्तहीन

लम्बी उम्र जी सकते
अगर हममें से
कोई न मार पाए

क्या हर कोई पा सकता
जीवन पूरा इस तरह
मनुष्य भी
अगर मनुष्य बीच में न आए... ?

## रेल की पटरियों के किनारे जिनके घर हैं

हर गाड़ी के
आने जाने के साथ
उनके घर की नींव हिलती
फर्श और दीवारें काँपतीं
छत कहीं से झड़ जाती
कुछ न कुछ गिरता है
कोई भीत ढहती है
भीतर भीतर
और दिल में साँसों में कहीं
होती अजीब सी धड़फड़ी
जैसे आहट किसी बहुत अपने की

सीटियों के अलावा भी
गाड़ियों की
बहुत सी आवाजें
वे पहचानते हैं
जिन्हें दूसरे महसूस नहीं कर पाते
जैसे इंजन का हाँफना
झिड़कना या अकड़ना
उसके बड़े बड़े पहियों का
पाँवों की तरह कभी आपस में उलझना
एक दूसरे से झगड़ना

रोज देखते
आग की सवारी के
नीचे से चूता पानी

## ऊपर उठता धुआँ

घड़ियों से नहीं
गाड़ियों से वे
जानते समय
यात्रियों की तरह
फिक्र और अफसोस
होता उन्हें भी
उनके आने में विलम्ब से

शुरू शुरू में सोचते
रात भर के लिए
रुक सकतीं
ये सीटियाँ और आवाजें

पर फिर समझ गए
ऐसा करना
दुनिया को रोकना होगा
इससे अच्छा
अपनी नींद को ही थोड़ा
समझा बुझा लिया जाए

अब कोई मसला नहीं
रात में अकसर
सपनों की तरह आतीं सीटियाँ
और नींद में दूसरी आवाजें
सुनते वे दूसरों के
नींद में बोलने की तरह

मना करने पर भी
बच्चे चले जाते
पटरियों की तरफ खेलने
पहले चिन्ता होती
अब अहसास

जीवन ऐसे ही
खतरों के साथ आँख मिचौली
हादसों के संग खेलना
और इस मामले में अपने से छोटों पर
अधिक करना चाहिए भरोसा

पटरियाँ ये
नहीं आदमी के चलने के लिए
तब भी हर दिन दिखते
कुछ लोग पटरियों के साथ चलते
कुछ उन्हें लाँघते करते पार

जीवन यही है
जीवन यही

बच्चे
जो सालों से
रोज देखते
गाड़ियों का आना जाना
फिर भी नहीं भूलते
खिड़की से छत से
खड़े होकर घर के आगे
आते जाते अनजान लोगों को
हाथ हिलाना...

## झिझक

दरवाजे के पीछे जो छिपा था घर घर घूमकर
रंग डालने लगता एक बार भीगने पर
बाजार से ला नहीं सकता था जो एक सौदा
सँभालता है अब सारा घर संसार
हर कुछ चूम सकता पहले चुम्बन के बाद
लगता है लाजुक लड़के को
आँख नहीं मिला पाता था हकलाता था वह नौजवान
अब जुलूस में जाता नारे लगाता

एक छोटा बहाना नहीं बन पाता था जिससे बचपन में
बोलता बड़े बड़े झूठ बड़ों बड़ों के आगे
अकेले कौर नहीं उतरता था जिसके गले
खाता चबा चबा सबके आगे मुँह बजा
भूल से मिले फाजिल पैसे फेर आनेवाला बेधड़क
गाँठ खोलकर लेता रिश्वत
एक बार जो मरता और मरता जाता
सौ खून की भी वही सजा है
करता जाता...

खुलती भटक धीरे धीरे
फिर खुल जाती झिझक एक दिन
झटके से खुलनेवाले चाकू की तरह

यह शीशा जिसे एक तरफ से
तोड़ना होता
दूसरी ओर बचाकर!

# खिल्ली

ऐसे तो उसके आगे रहते बन भीगी बिल्ली
छुट्टी के दिन खूब उड़ाते दिनचर्या की खिल्ली

दिन चढ़ने तक सोए रहना उलट पुलट ले करवट
जब जागो तब हुआ सवेरा क्या झटपट क्या झंझट
भरी दोपहर मुँह धोना मन हो तो शाम नहाना
छत पर तकना दूर दूर तक जोर जोर से गाना
इत उत उड़ते फिरते रहना जैसे नई तितल्ली
या चादर में दुबके रहना पत्तों में ज्यों इल्ली

ओसारे में बैठे रहना खोले अपना फाटक
बड़े ध्यान से देखा करना दुनिया भर का नाटक
बहुत दिनों से मिले न जिनसे उनसे मिलने जाना
यारों के सँग लगा बैठकी गप्पें खूब उड़ाना
कुछ कुछ लिखना कर सारे कामों की टालमटल्ली
या पतंग सा लहराना खुद को दे पूरी ढिल्ली

## पुरखे

रसोई में एक ओर उठँगाया हुआ सिल है
चौकी के नीचे बोरे में बँधा जाँता
काठ का बिना सिटकनी का सन्दूक सबसे पीछे
कोने में पड़ा पीढ़ा
ऊपर तख्त पर चढ़े
सूप बाँस के रस्सी की डलिया लोटा फूल का

एक बड़ा ट्रांजिस्टर ओहार ओढ़ाया
मोटा ग्रन्थ कपड़ों में लिपटा सँभालकर रखा उस पर
एक स्याह सफेद चित्र अलमारी के भीतर
घर का बूढ़ा ओसारे में खाट पर...

# फिर भी

झूठ और छल का साम्राज्य है
और हम सच की बातें करते

क्या करें अगर यह भी न करें
हो सकता है सच आज एक सपना
सच का राज
सचाई का दिन
मुमकिन है सच कभी न हो

वह शायद चला गया है हमारे बीच से
अपना पता दिए बगैर
अपनी मर्जी से जा रहा
देर हो तो न तकना राह...
शायद कोई पर्ची छोड़ी हो
उसे ही खोजा जा रहा
किसी को नहीं मालूम
कब तक लौटेगा
या लौटेगा भी कभी

पर उसका स्मरण अनुस्मरण पुनर्स्मरण
जरूरी

सच है कहीं
तभी तो झूठवाले
कोशिश करते
झूठ को सच करने की

चलें सच को सच करने की कोशिश करें
साबित नहीं सच करने की

झूठ और छल का राज है
और हम सच की बातें करते

सच का जिक्र छेड़ने सच के बारे में बोलने से भी
झूठ का तिलिस्म टूटता कहीं
सोचने से भी अँधेरा कुछ घटता
कोहरा छँटता...

## झुर्रियों में हँसी

सबसे अधिक झलकती
उम्र की इन बालियों में लहलहाती हँसी
आँखों की कोरों गालों के कटोरों की झुर्रियाँ
हर झुर्री जैसे एक आईना
झुर्रियों में हँसी
दिपदिपाती जैसे असंख्य आईनों में

हँसी
इतने बरसों की झिरी से छनकर आती
मगर गन्ध जिसकी
दूध पीते शिशु के मसूढ़े सी

आँखों से होंठों तक
सारा चेहरा हँसता
हँसी कानों तक फैली
बूँदों सी खनकती

हर झुर्री एक क्यारी
जिसमें खिलती
हँसी फूलों सी

हर झुर्री जैसे जीवन की गहरी लकीर
गलियारी जिससे उम्र गुजरी
इतनी ऋतुओं से रँगी
इतने अनुभवों की धनी
गहरे राग गहरे पाग वाली

जीवन इतना बीता
तब भी मानो चू रहा
ओरियानी सा
जैसे अभी उतना ही हो शेष
अथाह ममत्व
अटूट विश्वास

इतने दुखों को काटकर
इतने दुखों को बाँटकर
अन्तस के सोत से फूटती

किसी माँ
किसी बाबा
किसी बादशाह
किसी फकीर की हँसी

सुर का रस छलकाते अन्धे सूरा की
घूँघट उठा एक नए चेहरे का दर्पण देखती पुरनिया की
एक चिट्ठी एक खिल्ली पा उमगी दादी की
नातिन होने पर नाचती नानी की

सबकी तस्वीर मिली जुली
सबकी पहचान सी

उम्र के चौथेपन में
ऐसा अपनापन
जितना पाया उससे कई गुना
देना बाँटना सौंपना धड़कन दर धड़कन

सतत अनहद निनाद सी
झुर्रियों की झुरमुट में झिलमिलाती हँसी

यही तो जीवनदर्शन
एक जीवन में
कई जीवन कई दर्शन...

## चुम्बक

चुम्बक आकर्षित करता रहा
शुरू से
एक ऐसी धातु
जो जोड़ ले जुड़ ले

जरा सा चुम्बक लाता कोई सहपाठी
तो झूल जाते चारों ओर उसके आलपिन सरीखे
कितना भी छोटा हो चुम्बक पूरा लगता हमें
जो खींच सकता औरों को टुकड़ा कैसे होगा

थकते नहीं चुम्बक तलाशते
रेत में तट पर टीलों से
फिर वहीं कहीं बोध हुआ पहले पहल
कि चुम्बक की खातिर पहले होता लोहा होना

पाठशाला जाते
रेल की राह मिलती
पटरी पर रख देते कोई सिक्का
और किसी गाड़ी के गुजरने का करते इन्तजार
कि भारी पहियों तले दबकर
बन जाए वह चुम्बक

कभी अनाज में भूसे में गोड़ देते
दिनों तक कच्चे फल की तरह कोई लोहा
कभी रख देते रात की बोरसी में
और सुबह उबीछते राख

कहीं ढूँढ़ते सरपट भागते घोड़े का
नाल छूटा हुआ
किसी लोहे को प्यार से सहलाते चूमते देर तक
किसी को पीटते
कि चुम्बक हो जाए

हर मशीन जो चलती दिखती
लगता उसमें
कोई चुम्बक है
और हम कभी न कभी उससे
चुम्बक पाने की
आस लगाए रहते

बाद में जब यह जाना
पृथ्वी के अन्दर भी
एक विशाल चुम्बक है
कह नहीं सकते
कितना आह्लाद उठा कितना रोमांच

चुम्बक की दीवानगी में
बहुत आगे जाकर
महसूस हुआ यह
कि सबसे खरा चुम्बक
अपने भीतर

तब से प्रतीक्षा है
देखें कब तक पककर निकलेगी
दिल में अरसे से चुभी यह कील...!

## चाँद पर चना

चाँद पर लेकर
जाऊँगा चना

खोंट खोंटकर खाऊँगा
हरे चने का साग
हरी कचरी चबाऊँगा
घूम घूमकर
या झोलूँगा होरहा अहा!

टाँग दूँगा भिगोकर पोटली में चने अँकुरने के लिए
उजली उजली पूँछ पकड़ उठाऊँगा
कैसा रहेगा हल्का तलकर बनाना घुघनी
या फिर कटकटाऊँगा चबेना
उछालकर एक एक दाना
मुँह में लोकते

बघारूँगा चने की दाल ओह
कच्ची दाल पीसकर अदौरियाँ
डालूँगा चाँद की छत पर
धब्बे जहाँ जहाँ दिखते
चेहरे पर उसके थोपूँगा उबटन

सोंधी सोंधी महक बेसन के भुनने की
बेचैन कर देगी चाँद की साँस में घुसकर
जब बनाने लगूँगा हलवा
सानकर बैठूँगा सत्तू
घोरूँगा घोरुआ स्वादूँगा पिठौरी खीचूँगा सुर सरक्का

खोद चाँद के पहाड़
मिला उसके लवण में अपना पसीना
करूँगा तैयार चटपट चना जोर गरम
और सुनाऊँगा चने के पद अपने

जीवन नहीं मिला है वहाँ सुना है
इसलिए जाएँगे हम दोनों साथ
एक दूसरे का जीवन सींचने सँजोने
और ढूँढ़ने जीवन की सम्भावना
मैं और चना

इतना जीवन जब इस एक नन्हे पौधे में
उतने बड़े उस पिंड पर
जीवन नहीं मिलेगा कैसे

अकेले मैं या वह
नहीं फोड़ सकते भाँड़
चाँद पर ले जाऊँगा
चने का झाड़

मालूम है मेरे विचार
रहने नहीं देंगे इस धरती पर
कैद कर
भेज दिया जाएगा मुझे चाँद के काले पहाड़ पर
जैसे भेजते थे कभी कालापानी
और चूँकि मनुष्य हैं शासन करनेवाले
और होंगे तब भी
कहेंगे एक कोई चीज
बस एक
ले जा सकते हो साथ
पूछेंगे अन्तिम इच्छा

और इस तरह पहली बार
चाँद छू लेगा चना... !

## झ पर झूठमूठ दो कविताएँ

1.

झूठ होता है इसी से
और इसी से झाड़ू
जो उसे बुहारता

एक तरह से झूले सा लगता रचाव इसका
दूसरी तरह जैसे
लकीरों का आपस में कोई झगड़ा

एक झुरमुट इसमें
और एक झिरी

इसे देखते सामने उभर जाती
छप्पर में छेदवाली गरीब की झोंपड़ी
और आँखों से झरने लगती
झिलमिल तारों की

आत्मीय
और सम्भावनामय
इसका झोल हो कि झाँईं
साधु का झोला या बच्चे का झाबा

झनझनाहट है इसमें
झुरझुरी
और झंकार

झाग है
जो साबुन का हो सकता
और समुद्र का
उल्लास का या शोक का

जिन्हें जिन्दगी के झंझट से
नहीं परहेज
डर नहीं मौत की झलक से

वे तो रीझेंगे इस झाँकी पर
आएँगे इसकी झींसी में
और नहीं किसी झाँसे में

झेलना भी इसमें
झूमना भी
झुकना और झाँकना

झेंपें झुँझलाएँ झकझोरें किस तरह
न हो जो यह

वैसे तो प्यारे सारे बच्चों जैसे
पर कोई पूछे
सबसे अनूठा अक्षर
वर्णमाला में

तो झट
उँगली रख दूँ 'झ' पर

जिसे करूँगा प्यार
थोड़ी झिझक के साथ
दूँगा उसे
'झ' से झलकता कौन सा नाम... ?

**2.**

इसी से सब झगड़े सारे झमेले
झल्लाहटें झुँझलाहटें फिर झेंप
पर इससे ही झूमा जा सकता
और ली जा सकती झपकी

यहाँ झिरी है जिससे आती झड़ी
और झुरमुट जिसमें छुपा जा सकता झटपट
चुने जा सकते झरबेर

झूले झुमके झूमर झाँकी
एक अद्‌भुत झनक है
इससे बने शब्दों में
जो शायद झाँझ झाल या झुनझुने की

झुरझुरी सी होती
यह नहीं होगा तो पता नहीं कैसे
झिलमिलाएँगे आँसू
झलकेगा भीतर से कुछ भी

कहीं झूठ को सच बनाने के लिए
सरकार संसद में संकल्प पारित कर
'झ' और 'ठ' को भी
पोंछ न दे स्लेट से

डरता हूँ
अगर ङ और ञ की तरह
झ भी खो गया एक दिन
तो क्या भ के पीछे पूँछ लेकर भागा फिरूँगा
या फिर झक मारकर उदास
खड़ी पाई की तरह खड़ा रहूँगा
छोटी इ के पास... ?

## कविता और शहतूत

मोतिहारी से मुजफ्फरपुर के सफर में
एक बच्चे के हाथ देख
फिर उसकी याद आई
और याद आया
अब तक नहीं लिखी
शहतूत पर कविता

जिसे कब से लिखना चाहता था
तब से जब
कविता का 'क' भी नहीं पता था

अब जबकि
उसका स्वाद भी
अजाना सा होने लगा है जुबान पर
लिख देना चाहता उसे
शहतूत का यह कर्ज है मुझ पर
जिसे बचपन की अलमस्ती में
बेमोल बेफिक्र खाया अघाया

याद की वह पतली उँगली
चूसते फिर थामे
कितनी दूर निकल आया हूँ
कि भूलने लगा हूँ

उसे शहतूत के नाम से जानता मैं
आप किसी और नाम से जानते होंगे

पर विश्वास है कभी न कभी स्वाद उसका
जरूर आपके भीतर भी उतरा होगा
उसी को सँजोना चाहता हूँ
जितना हो सके अपनी कविता में

बचपन में बहुत चाहता था
बहुत सी चीजों को
और किसी कवि को पहचानता भी न था
मगर क्या मालूम ऐसा क्यों लगता
कि तभी से था एक ऐसा इनसान बनना चाहता
जिसकी एक जेब में शहतूत हो
दूसरी में कविता

कविता और शहतूत में
किसकी उम्र लम्बी है
नहीं जानता

न यह खबर
आगे चलकर
कौन काम आएगा किसके

बहरहाल शहतूत में है जिस तरह
कविता जैसा कुछ
इस कविता में रख देना चाहता
शहतूत का छोटा सा पता

कि कल को अगर
एक कोई खो जाए
तो दूसरे से
ढूँढ़ लिया जाए...

## एक दिन

एक दिन
प्यास के बराबर
ओस होगी

थकान के बराबर
नींद
घुटन के बराबर
साँस

एक दिन
हाहाकार को सोख लेगा संगीत
चुप्पी से निकलेगी भाषा
पीड़ा से फूटेगी किलक

एक दिन
सच जितना
होगा सपना
अँधेरे से बड़ी आँखें

तराजू के दोनों पलड़े
होंगे एक बराबर
इस बाँह के बराबर वह बाँह
फिर नजर रखनी होगी
काँटे की थरथराहट पर

एक दिन
विश्वास भर
होगा संघर्ष
और संघर्ष के साथ
अगले दिन की सोच!

## दूधियापन

शीशे में
पहले पके केश की धवलता

देखकर खुशी होती
जैसे बचपन के मसूढ़ों में
झलक पहले दूध दाँत की

या माँ के हृदय में
पहले दूध की बूँद का आह्लाद

यहाँ से
शुरू हो रहा
जीवन नया...

## जीवन-राग

झरूँ
तो फूल सा
गिरूँ
तो फल जैसा

टूटूँ
तो नींद सा
छूटूँ
तो याद सा

झुकूँ
तो डाल सा
कटूँ
तो नाल सा

बँधूँ
तो छन्द सा
घटूँ
तो चाँद सा

दबूँ
तो बीये सा
जलूँ
तो दीये सा

तपूँ
तो कुन्दन सा
घिसूँ
तो चन्दन सा

बँटूँ
तो सपनों में
लुटूँ
तो अपनों में

छिलूँ
तो पेंसिल सा
फूटूँ
तो कोंपल सा

मुड़ूँ
तो कागज सा
डूबूँ
तो सूरज सा

जाऊँ
रस्ता होकर
होऊँ
कविता होकर...

## बिना मुँडेर की छत

घर बनाते हैं यहाँ
पर आगे का रास्ता नहीं
नीचे घेरे ऊँचे ऊँचे
और छतें बिना मुँडेर की

बिना मुँडेर की छत पर
स्त्रियाँ धोकर पसारतीं
दाने और कपड़े
बिखरे दाने चुगतीं चिड़ियाँ देखकर मौका

बिना मुँडेर की छत पर
पतंग उड़ाते लड़के
आकाश छूतीं उनकी पतंगें
डोर थामे
लहराती उमंग

एक पैर पर
फुदक फुदककर
घर घर
खेलतीं बच्चियाँ
और धमकती छत
तेज होती धड़कनें काल की
उछलकर पड़तीं
धूप सेंकते बूढ़ों के मुँह में

कहीं बिना मुँडेर की छत पर कोई नहीं
बस पानी का हौज
कुछ उलझे तार और उलटी छतरियाँ
जिन पर बैठे कौवे काँव काँव करते

यह किसका आगम
यह सुबह कि शाम?

सटी हुई छतें बिना मुँडेरों की
अँधेरे में जैसे हो फैली एक ही छत
कोई लाँघता फलाँगता
जा सकता एक ओर से दूसरी ओर

बिना मुँडेर की छत पर
बिल्ली के बच्चे सा
सोया है सच
आर पर—

मुझे लगता है जो
फिसल जाएगा
मेरी पुकार पर...

## नुक्कड़ नाटक

तीन सिनेमाघरों चार सरकारी प्रतिष्ठानों
और अनेक ऊँची इमारतों से घिरा
गाँधी मैदान का कोना नहीं
यह भिखारी ठाकुर रंगमंच है

कोई आवरण नहीं कोई छद्म
और रोशनी इस खुले दिन की
अलग से कोई रोशनी नहीं
अलग से कुछ भी नहीं
सब एक दूसरे से जुड़े

माफ कीजिए यह डंडा यह टोप
यह भिसिल यह घड़ा
उपकरण नहीं
इस नाटक के मुख्य पात्र हैं

यह लड़का
जो अभी सिर नवाए बोरा बना फुदक रहा
थोड़ी देर बाद
घुटनों तक झुककर कुर्सी बनेगा
फिर सिर पर टोप रखकर सिपाही
और आखिर में
अपने कपड़े फाड़कर नेता

और वह जो
कोने में बैठा

सूत्रधार है इस नाटक का
जोर जोर से बजाकर बताएगा
कि राजा का बाजा बजा
और गाकर कहेगा
आप पागल हो गए हैं

हर दिशा को सम्बोधित कर रहे रंगकर्मी
और इस तत्परता से
जगहें बदल रहे
कि कुछ देर बाद
अपने बीच का यह दायरा
आपको घूमता लगेगा

ऐसा इसलिए
कि पृथ्वी अपनी धुरी पर
घूम रही है

बस आपको यह सीधा साधा सच
अनुभव नहीं हो रहा
जबकि आप चौथी जमात से यह जानते हैं

ऐसी ही कई सीधी सरल बातें
जिन पर उँगली रखनी पड़ती है
और नुक्कड़ पर रोककर दिखाना

आपको शंका लग रही है
मगर अब तक आप उनसे
इतना जुड़ गए होंगे
जो यह महसूस कर सकें
कि यह शंका उन्हें भी होगी
बावजूद इसके
जब वे नाटक कर रहे
तो क्या आप
देख भी नहीं सकते ?

आप व्याकुल हैं
इस नाटक में
कोई अन्तराल नहीं

सचमुच इसमें कोई अन्तराल नहीं
सच पूछिए तो अब यह अन्तराल कहीं नहीं

कोई मंच नहीं
कोई सज्जा
पोशाकें
रोशनी
विन्यास
उपक़रण

परदा नहीं नेपथ्य नहीं

आप ठीक कह रहे
यह नाटक भी नहीं

बगल में चल रहा
मदारी का करतब
भविष्य का उच्चार
पौरुष की दवाओं का प्रचार
या आपस में शुरू होकर खत्म न होता झगड़ा
वह आपको खींच रहा

यहाँ न रस न आनन्द
तृप्ति न चटखार

बस आवाज है
चीख पुकार फटकार

आप बहुत देख सुन चुके
जाना चाहते हैं

चले जाइएगा पर हो सके
तो तनिक ठहरिए यह तो देखिए

अभी थोड़ी दूर हो रहे खेल से
बच्चों की गेंद टप्पा खाकर
ऐन बीच में आ गिरी है
और नाटक में नई हलचल आ गई है

बच्चों का दल गेंद के पीछे
भागता आ पहुँचा
और गेंद लेकर लौटने के बजाय
ठिठक गया है कौतुक से
अपने खेल के सामान लिये
लगभग रंग प्रांगण में उझकता...

## सवेरे का एक सपना

यही घड़ा टिके
प्यास के कई मौसम
चाहे मिट्टी में मिल जाए
मेरा कारोबार
मनाता है कुम्हार

जोड़ी भर जूते
कोस दर कोस चलें
पेट के लिए भले
बेचनी पड़े यह खाल
प्रार्थना करता मोची

एक बार जो छप्पर छाऊँ
हर बारिश सह जाए
मेरे चूल्हे में
पानी क्यों न पड़ जाए
सोचता मिस्त्री

एक ही चादर
काट ले पूरी उम्र
बिखरता है तो बिखरे
ताना मेरा बाना
हाथ जोड़ता जुलाहा

दो पैसे की यही पुड़िया
हर ले हर रोग

कर दे सबको चंगा
मेरे दालान में फिर भिनकें मक्खियाँ
बुदबुदाता हकीम

और कवि चाहता
किसी पर न व्यापे दुख कहीं हो न शोक
हर तरफ हर पल हो हँसता खेलता
और जीवन में घुल जाए
अक्षरों की अमरता...

## पाँत

पहली किताब आई है
और आज मेरी छत पर
है पंगत

खुशी जैसे पहले कवि की कविता पहली
घूम घूमकर पूछ परस रहा सबको

बहुत अच्छे
सच में निराले
बोले महाकवि
सबसे पहले दिया था तुमने मेरी प्रार्थना को स्वर
तुम रचो खूब बनो महाप्राण

भोजन सादा मगर बढ़िया है
हमें तो तुमने अभी कम ही पढ़ा है
कहते प्रसाद पन्त महादेवी की ओर देख मुसकाते
पढ़ो और बढ़ो आगे

तीन पत्र तुमने लिखे थे साथ थीं कविताएँ भी
तब तो बिलकुल बच्चे थे— सिर उठाया बच्चन ने
खिच्चे हो खैर अब भी
पत्रों के तुरन्त जवाब मैंने भेजे थे
उनमें लिखी बातें गाँठ बाँधे रखना
अपने मुताबिक जीवन का छन्द रचना

मैं जवाब तो जल्दी
दे पाया था नहीं

उँगलियों से दाढ़ी में करते कंघी फुसफुसाए अज्ञेय
यात्रा पर था
लौटकर लिखा
जीवन में जरूरी हैं यात्राएँ
जरूरी एक सभ्य आवारापन सलीकेदार बंजारापन
जीवन में और कविता में भी
पैरों में बाँधे रहना चक्कर होना बावरा अहेरी
जिन्दा रखना अवश्य अपने में एक घुमन्तू आत्मा

यह भला है कि सब मिट्टी में पका है
सिर हिलाया केदार ने
खुशबू इसलिए ऐसी
आग पानी हवा में सब कुछ सहेजा
पर आगे तेज अन्धड़ बरसात की है सम्भावना
सर उठाकर तनिक आसमान भी देखते रहना

सहसा गुल हो गई बिजली
उसी में दिखी
दो आँखों की रोशनी
घूमती खोजबत्ती सी
कुछ तुम्हें मिला और अच्छा उससे रचा
फिर रुको नहीं
जो है पास ले जाओ सब तक
अँधेरा है पर अँधेरे में ही
मुँह को ढूँढ़ लेता जैसे कौर वाला हाथ
तलाश लो कोई साथ
झलकी जैसे
दीप्ति मुक्तिबोधमयी

जीवन का जेवन यह
बनो कवियों के कवि
आशीष यही
रगों में लहू बनकर दौड़ते
अक्षरों से दानों का

साफ उजले पृष्ठ से चश्मे को पोंछते
उद्गार था यह शमशेर का

बच्चे मैंने तो अपने हाथों
दिया है तुम्हें पुरस्कार
तब तुम छात्र थे झुककर मेरे पाँव गहे
छात्र हो अब भी जो होता है हरदम
कविता में कवि
होते जाना और अच्छे और सच्चे विद्यार्थी
जुड़ना सबसे जन जन के मन से
बाबा गरजे

इतनी सुस्वादु बुँदिया रायता ऐसा जायकेदार!
तुम्हें सुना तो नहीं बच्चे पर ध्यान से सुनते हुए देखा
कलकत्ते जब आया था
कविता प्रेमियों ने पाठ के लिए बुलाया था
कवि तो वही होता जो होता अच्छा श्रोता
जीवन की हर धड़कन का हर हलचल का

बहुत बहुत मंगलकामनाएँ इतना अच्छा तुमने जिमाया
कहा तीसरी आँख वाले उस जनपद के कवि ने
रहो साधारण बनो महान
मेरे अग्रज मेरे साथी
तो सब पहले गए
तुमने आज किया आवाहन तो भेंट हुई सबसे
इनके पीछे अब बारी मेरी भी जल्दी ही
विनयी तुम होओ ऐसे ओजवान तेजवान
कि हम सबका कर सको पिंडदान

हाथ उठाए पंगत उठी
झुककर अब मैं जाजिम समेटूँ
झाड़ू फिराने से पहले
पत्तल उठाऊँ
जूठन सहेज लूँ...

## नि:शब्दभेदी

सन्नाटे का साम्राज्य
फैला हुआ

कोई आवाज
नहीं उठाता
डर या अन्देशे से

कोई कुछ नहीं बोलता
कि सब ठीक हो जाएगा

कोई मौन है हताशा में
कि कुछ भी हो सकता नहीं

कुछ इसलिए
कि चुप्पी की उन्हें आदत पड़ गई

एक निर्भेद चुप्पी
हर ओर
कौंध की तरह कहीं
अँधेरे में उभरती चीख
इस सन्नाटे का वितान दिखाने के लिए

हाहाकार है सबके भीतर
पर स्वर नहीं

जीत की खुशी में
ऐसा विह्वल राजा
कि शब्द नहीं उसके पास

सदमे में हैं कुछ कुछ सकते में
लोग इस तरह आतंकित
चिपकी हुई जुबान होंठ सिले

इतने आवेशित विचारवान
इतने क्षुब्ध
कि उद्गारहीन

सन्नाटे का साम्राज्य पसरा हुआ
अँधेरे के साम्राज्य की तरह
जिसके एक छोर पर घुटन दूसरे पर कोलाहल

इतनी बड़ी आबादी इस पृथ्वी पर मनुष्यों की
इतनी बड़ी आबादी का
इतना बड़ा सुनसान

बिना सुनवाई के हो चुका फैसला
बिना संघर्ष के
जीत लिया गया रण

गहरी रात
गहरी खामोशी
कोई नहीं उठ रहा
न कहीं आवाज
न इनसान

सबसे विकसित सभ्यता का
सबसे बड़ा
कब्रिस्तान

ऐसे समय में
कविता को साधता हूँ

कविता जो है
निःशब्दभेदी बाण...!

## वापसी का टिकट

यह इस बात का भरोसा है
कि हम चल देंगे नियत दिन
सही समय पर
कहीं के लिए

जो सोचकर जाएँगे
सब सधेगा
कुछ भी ऐसा नहीं होगा
लौटते वक्त रोक लेनेवाला

पड़ाव पर पहुँचेंगे
सवार होंगे डिब्बे में
उतर नहीं जाएँगे दूसरी तरफ से
जब सरकने लगेगी गाड़ी

जाने से पहले कई दुनियादार
फिक्र करते वापसी के टिकट की

मैं जानता हूँ ऐसे कई शहर
और उनमें कितने लोग ऐसे
जो कभी लौट आने के लिए गए थे वहाँ
पर आ न सके

अन्त तक जूझने का संकल्प लिये
पहुँचा नौजवान
टूटकर हताश होकर

फिरने ही वाला था
कि उसे दिखी
अँधेरे महासागर में
एक लौ उम्मीद की

अब भी उसकी पेटी में
किताब के पन्नों के बीच
रखा हुआ टिकट वापसी का
जिसे बीच बीच में निकालकर
देख लेता

एक लम्बी यात्रा पर
निकलना चाहता बहुत दिनों से

दुविधा है
यहीं से लेता चलूँ
या वहाँ जाकर सोचूँ
वापसी के टिकट के बारे में...!

## इच्छा

वृक्ष की तरह हो
मेरा शव

हरी पत्तियाँ बनें बकरियों के थन में दूध
टहनियाँ जलावन गरीब मजूरों का
तन यह तना बदल जाए तख्त खिड़कियों दरवाजों में
अन्तिम फल मिलें बच्चों को पंछियों को पन्थियों को

झुकूँ तो मेरे कारण कोई न झुके
गिरने से मेरे रास्ता किसी का न रुके

शेष होकर भी हो सकूँ एक सादा पन्ना
मेरी राख से झलके किसी की आत्मा...

# पृथ्वी उम्मीद से है

मैंने देखा है उसे
चूल्हे से राख निकालकर
चाटते हुए

कुछ भी मधुर रुचता नहीं इन दिनों
उसे तीखा चाहिए और खट्टा और कसैला
मौसम के सारे मर्तबान खोलकर
कुछ कुछ ढूँढ़ती रहती

रह रहकर
जी घबराता
चक्कर आते और उल्टियाँ

लड़खड़ा जाती कभी
चलते-चलते थाम लेती भीत
आँखों के आगे छा जाता अँधेरा

पर रुकना नहीं चाहती वह
न आराम

काम करनेवाली किसी साधारण औरत की तरह
अपने दिन रात निबाह लेगी
आखिर तक

बस एक भरोसा
जरा सा दिलासा

कि कोई है देखनेवाला

मगर जो चिकित्सक देख रहा नब्ज
और ज्योतिषी हाथ
अमंगल अपशकुन बोल रहे वे

कि बीमार है वह
दशा खराब है उसकी

कुछ रंग के पानी
कुछ रंग के पत्थरों पर
बचना उसका निर्भर...

क्या उसके दिन पूरे हो चले?

हवा बेचैन है और ठहरी
धूप बुन रही है कुछ
नन्हे ऊनी मोजों की तरह
समय बटोर रहा तिनके

देखो तो
ओस भीगी लवें उसकी
उभरकर हो गईं जामुनी

मुझे लगता
उम्मीद से है पृथ्वी

और सारे ग्रह नक्षत्रों
पूरी आकाशगंगा को

अभी यह बात बता देनी चाहिए...!